भारतीय व्यंजन

भारतीय व्यंजन

लेखिका
श्रीमती कुमुदिनी मुंशी
नवभारत टाइम्स, धर्मयुग, साप्ताहिक हिन्दुस्तान, सरिता आदि
पत्र-पत्रिकाओं की सुपरिचित व्यंजन लेखिका

वी एण्ड एस पब्लिशर्स

प्रकाशक

वी एण्ड एस पब्लिशर्स

मुख्य कार्यालय
F-2/16, अंसारी रोड, दरियागंज,
नई दिल्ली-110002 ☎ 23240026, 27
✉ info@vspublishers.com
🌐 www.vspublishers.com

क्षेत्रीय कार्यालय : हैदराबाद
5-1-707/1, ब्रिज भवन (सेन्ट्रल बैंक ऑफ इण्डिया लेन के पास) बैंक स्ट्रीट, कोटी, हैदराबाद-500 095
☎ 040-24737290
✉ vspublishershyd@gmail.com

Online Brandstore: amazon.in/vspublishers

पुस्तकें ऑलाइन खरीदें: amazon   | **फ़ॉलो करें :** 

ISBN 978-93-813840-4-6

नवीन संस्करण

Cataloging in Publication Data--DK
Courtesy: D.K. Agencies (P) Ltd. <docinfo@dkagencies.com>

Muṃśī, Kumudinī, author.
Bhāratīya vyañjana / lekhikā, Śrīmatī Kumudinī Muṃśī.
pages cm
In Hindi.
Recipes of Indian dishes.
ISBN 9789381384046

1. Cooking, Indic. 2. Cookbooks. lcgft I. Title.

LCC TX724.5.I4M86 2023 | DDC 641.5954 23

मुद्रक : परम ऑफसेटर्स, ओखला, नई दिल्ली-110020

भूमिका

भारत में खाद्य-पदार्थों का विशेष महत्त्व रहा है। रस-परिपक्वता और स्वाद को भारतीय पाक-शास्त्र में प्राथमिकता दी जाती रही है। यहां तक कि औषधियां भी पुरातन काल से खाद्य-पदार्थों के रूप में ही उपयोग होती रही हैं। इनमें लौंग, अजवाइन, इलायची, केसर, जायफल, अकलकारा आदि वस्तुओं के नाम सर्वविदित हैं।

भारत में अंग्रेजी सभ्यता के प्रभाव के कारण गृहिणियों में रसोई के काम से अरुचि पैदा हुई। स्वतंत्रता के बाद धीरे-धीरे शिक्षा और जीवन के मूल्यों में परिवर्तन हुआ और रसोईघर का महत्त्व नवयुवतियों ने फिर पहचाना। विदेशों में तो राजनैतिक गुत्थियां भी खाने की मेज पर ही सुलझाई जाती हैं। भोजन और स्वाद को लेकर पुराने जमाने के कई सम्राटों के विषय में अनेक मनोरंजक किंवदन्तियां प्रचलित हैं।

आज प्रत्येक शिक्षित नवयुवती के लिए पाक-कला एक आवश्यकता है और उसमें उसे निपुण होना अनिवार्य है। मध्यम वर्गीय और उच्च आय वाले घरों में भी पाक-कला ने अपना महत्त्वपूर्ण स्थान बना लिया है। ऐसी स्थिति में इस पुस्तक में दी हुई भारतीय शाकाहारी व्यंजन बनाने की विधियां, आशा है आपको अवश्य पसंद आएंगी।

ऐसी पुस्तक का महत्त्व इसलिए और भी बढ़ जाता है कि किसी विशेष समय पर क्या बनाया जाये और कैसे बनाया जाये, यह समस्या गृहिणी के समक्ष उपस्थित होती ही है, जिससे यह पुस्तक मुक्ति दिलाएगी।

नववधुओं और नवयुवतियों को तो यह पुस्तक अत्यंत लाभप्रद सिद्ध होगी ही, जब वे स्वयं अपने हाथों से भोजन बनाएंगी और घर के सदस्यों और अतिथियों को खिलाएंगी।

मुझे विश्वास है कि इन पाक-विधियों को सीखकर महिलाएं अपने परिवारों में स्नेह और सौहार्द्र का वातावरण बनाएंगी।

—कुमुदिनी मुंशी

अनुक्रम

आपका कलात्मक रसोई घर

रसोई घर गृहिणी का सच्चा घर है. हम घर में रोज़ अपना और अपने परिवार का पोषण, भोजन पका कर करती हैं. गृहिणी का अधिकांश समय रसोई घर में गुजरता है. रसोई घर जितना हवादार, रोशनी वाला तथा स्वच्छ, सुंदर हो, उतना ही अच्छा लगता है. आपके पास जैसा भी रसोई घर हो उसमें कम से कम स्थान में अधिक से अधिक सुविधा जुटाकर कलात्मकता का परिचय दे सकती हैं. आज कल आवास की समस्या बड़े नगरों में बढ़ती जा रही है. प्रायः छोटे रसोई घर को सुंदर व कलात्मक रूप व आकार देना चाहिए.

रसोई घर की सफाई

आप अगर अपना भोजन ज़मीन पर बैठ कर पकाती हैं, तो सारा सामान नीचे नहीं फैलना चाहिए. आवश्यकता के अनुसार सामान निकाल लीजिए. सब सामान यथास्थान रख दीजिए. सब्जी के छिलके निकाल कर तुरंत कचरे के डिब्बों में डाल दीजिए. भोजन पकाने के बाद झाड़ू से गंदगी साफ कर, सींक की झाड़ू से रगड़ कर रसोई घर को धो देना चाहिए. अगर कहीं चिकनाहट हो तो गर्म पानी व विम पाउडर से सफाई की जा सकती है.

अगर आप खड़े होकर प्लेट फार्म पर भोजन बनाती हैं, तो भोजन बनाने के बाद तार के ब्रश से पाउडर डालकर प्लेट फार्म को साफ कर लीजिए।

रसोई घर की सजावट

रसोई घर में सब डिब्बे जमा कर रखिए. जगह कम हो तो बर्तन के लिए दीवार में स्टैण्ड लगाकर सब बर्तन जमा कर रखिए. थाली स्टैण्ड में थाली व प्लेट स्टैण्ड में प्लेट लगा दीजिए. चम्मच स्टैण्ड भें चम्मच व कप सासर स्टैण्ड में कप सासर लगा दीजिए. रसोई घर की प्रत्येक वस्तु व्यवस्थित रहेगी, तो रसोई घर सुंदर दिखाई देगा.

स्टील बर्तनों की सफाई

स्टील के बर्तनों को आप लकड़ी के पटिये पर रखकर, विम पाउडर से व नायलॉन के ब्रश से साफ कीजिए. इससे स्टील के बर्तनों की चमक ज्यों की त्यों हमेशा बनी रहेगी.

पीतल के बर्तनों की सफाई

पीतल के बर्तन खटाई या नीबू या नारियल के कूचे से रगड़ने से उनमें सोने जैसी चमक आ जाएगी.

चीनी एवं कांच के बर्तनों की सफाई

सर्फ या विम पाउडर से धोने से चीनी एवं कांच के बर्तन साफ रहेंगे. प्यालों के पकड़ने वाले हिस्सों कों रोज़ ब्रश से साफ करिए. चाय की केतली की नली को बोतल धोने के ब्रश से रोज़ साफ करिए, चाय नहीं जमने पाएगी. चाय छन्नी को भी ब्रश से रगड़िए, साफ रहेगी.

अंगीठी की सफाई

भोजन बनाने के बाद अंगीठी की राख निकाल कर गीले कपड़े से पोंछ दीजिए.

स्टोव की सफाई

स्टोव में करोसिन छान कर भरिये. स्टोव को साफ करते वक्त बर्नर में पानी नहीं डालना चाहिए. स्टोव के बर्नर की पीली लौ खत्म हो जाए, तब बर्तन रखना चाहिए, जिससे बर्तन काले नहीं होते।

गैस की सफाई

गैस को खाना बनाने के बाद सर्फ पाउडर को नायलॉन ब्रश में लगा कर, थोड़ा पानी डाल कर रोज़ गैस को धोना चाहिए. बर्नर को सप्ताह में एक बार सोडे के पानी में डाल कर उबाल लिजिए, सुई से बर्नर के छेद साफ कर दीजिए.

भोजन परोसने की कला

भारतीय पद्धति में भोजन नीचे बैठ कर खाया जाता है। पाट पर थाली लगाकर आसन पर बैठ कर भोजन किया जाता है. हरी पत्तल और दोने में भी भोजन परोसा जाता है.

भोजन परोसने की विधि

थाली में बिल्कुल बीच में दाल की कटोरी रखिए. उल्टे हाथ की तरफ सब्जी, चटनी, नमक, नीबू परोसिए. सीधे हाथ की तरफ मीठा और नमकीन परोसिए. बीच में चावल की कटोरी बना कर परोसिए. पूड़ी परोसिए. भोजन खाने के बाद पापड़ परोसिए. थाली के आसपास रंगोली भी लगाई जाती है. यह खाने के स्थान को सौंदर्य व कलात्मकता प्रदान करती है.

चाय के कितने रंग, कितने स्वाद

आप रोज़ चाय बनाती हैं, पीती हैं और चाय से अतिथियों का स्वागत भी करती हैं. चाय आजकल दैनिक जीवन का अनिवार्य अंग बन गई है. कुछ व्यक्ति तो इसके इतने आदी होते हैं कि यदि सुबह-सुबह चाय पीने को न मिले तो सारा दिन बिगड़ जाता है. प्रायः महिलाएं चाय को साधारण ढंग से बनाती हैं, किन्तु यदि थोड़े प्रयत्न से ही आप अपने अतिथियों को ऐसी चाय बनाकर पिला सकती हैं, कि वे आपकी तारीफ के पुल बांधे बिना न रह सकेंगे.

टेस्टी चाय

सामग्री :

पानी	.........5 कप	चीनी	.........10 चम्मच
चाय	..........5 चम्मच	दूध	..........15 चम्मच

विधि :—भगोने में पांच कप पानी चढ़ा दीजिए. पानी खूब उबलने लगे तो उसमें चीनी डाल दीजिए, पानी दोबारा उबलने लगे, तब चाय छोटी चम्मच से नापकर डाल दीजिए. चाय डालते ही भगोने का ढक्कन बंद करके चाय नीचे उतार लीजिए.

दूध गर्म करके छलनी से छानकर, दूध-दानी में रख लीजिए. छलनी से चाय को केतली में छान लीजिए. इच्छानुसार दूध डालकर पीजिए, फिर देखिए चाय का स्वाद कैसा आता है.

देशी चाय

सामग्री :

पानी ....5 कप — चीनी ....10 छोटे चम्मच
चाय ....5 छोटे चम्मच — दूध .... अन्दाज से

विधि :—भगोने में कप से नापकर पानी चढ़ा दीजिए. पानी उबलने लगे, तब उसमें चीनी नापकर डाल दीजिए. जब पानी दोबारा उबलने लगे तो उसमें चाय डालकर गर्म दूध अंदाज से डाल दीजिए, एक उबाल आने पर उतार कर कप में छानकर पीजिए.

नीबू की चाय

सामग्री :

पानी ....2 कप — चीनी ....4 छोटे चम्मच
चाय ....2 छोटी चम्मच — नीबू .... आधा

विधि :—भगोने में पानी उबाल कर, चीनी और चाय डाल दीजिए. ढक्कन बंद करके नीचे उतार लीजिए. चाय को कप में छानकर नीबू का रस डाल दीजिए, देखिए नीबू की चाय कितनी स्वादिष्ट लगती है.

आटा गूंधने की कला

आटा गूंधना भी एक कला है. आपको सुनने में थोड़ा अटपटा जरूर लगेगा, लेकिन यह बिल्कुल सच है कि नरम पतली व मुलायम रोटियाँ बनाने के लिए, यह जरूरी है कि आटा ठीक से गूंधा गया हो, यानी न वह बहुत ढीला हो न बहुत कड़ा. ढीले आटे से रोटियां बेलने में कठिनाई तो होती ही है, परात और चकले पर भी आटा चिपक जाता है. सख्त आटे से रोटियां नरम नहीं बनतीं. अतः आटे में ठीक अनुपात से पानी डालिए. सर्दियों में थोड़े गुनगुने पानी से आटा गूंधिए, ताकि वह नरम रहे. आटे को तब तक गूंधती रहिए, जब तक वह बिल्कुल नर्म और मुलायम न बन जाए.

पराठे के लिए आटा

वैसे तो साधारण आटे से भी पराठे बना लिए जाते हैं, पर बच्चों के नाश्ते के लिए या स्कूल, पिकनिक आदि पर ले जाने के लिए आटे में थोड़ा दूध डाल दिया जाए, तो पराठे सुपाच्य व नरम तो बनते ही हैं, देर तक खराब भी नहीं होते. आप चाहें तो स्वादिष्ट बनाने के लिए थोड़ी अजवाइन व नमक भी डाल सकती हैं.

पूड़ी के लिए आटा

पूड़ी के लिए आटा थोड़ा सख्त गूंधा जाता है. खस्ता पूड़िया बनाने के लिए थोड़ा घी गरम करके आटे में मलें. इतना मलें कि पूरे आटे में घी मिल जाए. अब थोड़ा-थोड़ा पानी डालकर गूंधती जाएं. गूंधने पर पानी की बजाय घी का हाथ लगाकर आटे को संवारें.

रोटी

रोटी कई प्रकार से बनाई जाती है. बेलन से बेलकर तो खैर, बनाई जाती ही है. हाथ में पानी लगाकर भी रोटियां बनाई जाती हैं, लेकिन इस विधि से रोटियां मोटी बनती हैं, ग्रामीण महिलाएं इसी प्रकार रोटियां गूंध कर बनाती हैं.

सादी रोटी

नरम आटा लेकर छोटी-छोटी लोइया बनाएं. उनको पलेथन लगाकर चकले पर बेलन से हल्के-हल्के हाथ से गोल-गोल बेलती जाइए, जब पतली और गोल रोटी बन जाए तो उसे तवे पर सेंक लीजिए. ध्यान रखें कि आंच ज्यादा तेज़ या ज्यादा मंदी न हो, तेज़ आंच पर रोटियां जल जाती हैं और अधिक धीमी आंच पर सख्त हो जाती हैं.

दो पुड़ या परत वाली रोटी

दो छोटी-छोटी लोइयां लेकर उनके बीच में घी लगाकर चकले पर बेलन से, गोल-गोल बेल लीजिए और तवे पर मंदी आंच में सेंक कर घी लगा कर डिब्बे में रखती जाइए.

रोल वाली रोटी

छोटी लोई लेकर गोल रोटी के आकार में पतली बेल लीजिए. पूरी रोटी पर घी लगाकर गोल लपेटकर रोल बना लीजिए, रोल को फिर लोई जैसे बनाकर बेलिए. तवे पर, मंदी आंच पर सेंककर घी लगाकर डिब्बे में रखती जाइए. रोल वाली रोटी पुड़ वाली रोटी जैसी ही बनती है.

पराठे

पराठे गोल और तिकोने दोनों प्रकार के बनते हैं. ये सादे, भरवां और कई तरह से बनाए जा सकते हैं. आप चाहें तो इन्हें सादा भी बना सकती हैं और स्वाद के अनुसार भरवां भी.

मेथी के पराठे

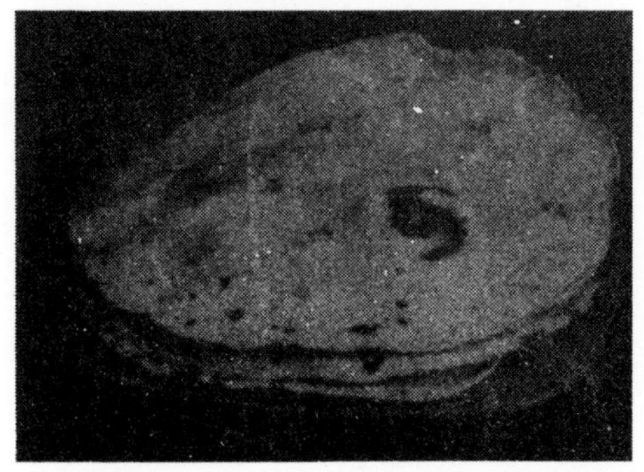

सामग्री :

आटा ...... 250 ग्राम बेसन .... 100 ग्राम
मेथी....... 500 ग्राम मूंगफली-तेल या घी ... 250 ग्राम
हल्दी, पिसी धनिया, लाल मिर्च, नमक, जीरा, हरी धनिया अंदाज से.

विधि :—मेथी को साफ करके पानी से धो लीजिए. बारीक काटकर कड़ाही में थोड़ा सा तेल डालकर मेथी को बघार दीजिए. मेथी में भाप आ जाए, तब आटे और बेसन में मिला दीजिए. नमक, हल्दी, धनिया, लाल मिर्च, जीरा, हरी धनिया भी बारीक कर, ज़रा कड़ा आटा गूंध लें. पराठे बेल कर तवे पर मंदी आंच पर तेल लगा कर सेंक लीजिए. खस्ता मेथी के पराठे तैयार हैं, इन्हें आप किसी भी प्रकार से परोस सकती हैं.

नोट :—आप कच्ची मेथी को बहुत महीन काटकर या थोड़ा-सा पीसकर भी आटे में मिला सकती हैं.

मूली के पराठे

सामग्री :

आटा	250 ग्राम	बेसन	100 ग्राम
मूली.......	250 ग्राम	मूंगफली-तेल या घी ...	100 ग्राम

हरी धनिया, हरी मिर्च, हल्दी, लाल मिर्च, नमक, राई एवं जीरा अंदाज से.

विधि :—मूली को धोकर कद्दूकस कर लें. कड़ाही में थोड़ा-सा तेल डालें, गर्म होने पर राई जीरे का बघार छोड़ दीजिए. मूली भी छोड़ दीजिए. ढक्कन बंद कर दीजिए, जब भाप आ जाए तब उसमें हल्दी, नमक, लाल मिर्च, व हरी धनिया बारीक काटकर डाल दीजिए व हरी मिर्च को भी बारीक काटकर डाल दीजिए. आटा और बेसन मिलाकर मूली का तैयार किया हुआ मसाला मिलाकर आटा गूंध लें. गोल-गोल पतले-पतले बेलकर तवे पर दोनों तरफ हल्का-हल्का तेल या घी लगा कर सेंक लें. लीजिए मूली के पराठे तैयार हैं. मूली के पराठे बनाने की एक विधि और भी है. आप मूली को कद्दूकस करने के बाद उसमें सभी मसाले मिला लें. अब निचोड़ कर एक तरफ रख लें. पराठा बेलकर उसमें थोड़ी मूली रख दें. अब दुबारा बेल कर सेंक लें.

आलू के पराठे

सामग्री :

आटा	500 ग्राम	आलू	250 ग्राम
मूंगफली का तेल ...	250 ग्राम	सौंफ	25 ग्राम

नमक, लाल मिर्च, पिसी धनिया, हरी धनिया, अंदाज से.

विधि :—आटे मे थोड़ा सा नमक डालकर कड़ा गूंध लीजिए. आलू को उबाल कर छील लें और हाथ से मसल कर बारीक कर लीजिए. सौंफ, नमक, लाल मिर्च, पिसी धनिया, डालकर कड़ाही में थोड़ा-सा तेल डालकर गर्म कर लीजिए. आलू का मसाला मंदी आंच में सेंक लीजिए. उतारकर हरी धनिया बारीक काटकर इसमें मिला लें. आटे की दो लोई बनाकर उसमें आलू का मसाला रखकर गोल-गोल बेल लीजिए. तवे पर तेल लगाकर सेंक लीजिए व टमाटर की चटनी या अचार से खाइए.

पूड़ी

पूड़ी रोटी व पराठे से छोटी व गोल आकार की बनती हैं. सादी और नमकीन दोनों प्रकार की पूड़ियां आप बना सकती हैं.

साधारण पूड़ी

सामग्री :

आटा .... 500 ग्राम मूंगफली का तेल ... 100 ग्राम
नमक .... अंदाज से घी .... 250 ग्राम

विधि :—आटे में नमक मिलाकर तेल गर्म करके मोयन लगा दीजिए. आटा ज़रा कड़ा गूंधें. छोटी-छोटी लोई बनाकर बेल कर कड़ाही में घी गर्म होने पर तल लीजिए. पूड़ी बनाते समय आंच थोड़ी तेज रखें.

पालक की पूड़ी

सामग्री :

आटा .... 500 ग्राम पालक ...... 250 ग्राम
मूंगफली का तेल ... 250 ग्राम नमक .... अंदाज से
जीरा, हींग, मीठा सोडा, लाल मिर्च अंदाज से.

विधि :—पालक को बारीक काटकर धो लीजिए व एक हल्का उबाल दीजिए फिर सिल पर पीस लीजिए. पालक को आटे में नमक, लाल मिर्च, जीरा, हींग, थोड़ा मीठा सोडा मिलाकर कड़ा गूंध लीजिए. कड़ाही में तेल गर्म हो जाए तब छोटी-छोटी गोल पूरी बनाकर तल लीजिए. अचार के साथ परोसें.

लहसुन की पूड़ी

सामग्री :

आटा	250 ग्राम	बेसन	100 ग्राम
अदरक	25 ग्राम	हरी मिर्च	25 ग्राम
लहसुन	100 ग्राम	मूंगफली का तेल ...	100 ग्राम

हरी धनिया, नमक स्वाद के अनुसार.

विधि :—आटे में बेसन और नमक डालकर कड़ा गूंध लीजिए. लहसुन, अदरक को पीसकर हरी मिर्च को साफ करके सिल पर बारीक पीस लीजिए. हरी धनिया बारीक काटकर डाल दीजिए. नमक मिला लीजिए. कड़ाही में थोड़ा-सा तेल डालकर लहसुन के तैयार मसाले को हल्का भून लें. आटे की गोल-गोल रोटी बेल कर रोटी के दो भाग कर लीजिए. लहसुन का तैयार मसाला भर कर चिपका दीजिए. कड़ाही में तेल डालकर तल लीजिए. लहसुन की पूड़ियां स्वादिष्ट एवं चटपटी तो लगती ही हैं, सर्दी के लिए उपयोगी भी हैं.

मूंग की पूड़ी

सामग्री :

मूंग की धुली हुई दाल	250 ग्राम	गेहूं का आटा	500 ग्राम
		मूंगफली का तेल ...	100 ग्राम

नमक, लाल मिर्च, जीरा, हींग, हरी धनिया अंदाज से.

विधि :—मूंग की दाल को धोकर पानी में 4-5 घंटे तक भीगने दीजिए. दाल को सिल पर बारीक पीस लीजिए. आटे में पिसी हुई दाल, नमक, लाल मिर्च, जीरा, हींग, हरी धनिया बारीक काटकर डाल दीजिए और आटा कड़ा गूंध लीजिए. छोटी-छोटी लोइयां बनाकर चकले पर बेलन से पतली-पतली रोटी की तरह बेल कर तवे पर हल्की आंच में दोनों तरफ तेल लगाकर गुलाबी कुरकुरी सेंक लीजिए. अमरूद की सब्जी से खाइए.

दलिया

दलिया मीठा और नमकीन दोनों प्रकार से बनता है.

सादा गेहूं का दलिया

सामग्री :

गेहूं का दलिया ... 500 ग्राम   घी .... 100 ग्राम
नमक .... 10 ग्राम

विधि :—गेहूं के दलिए को कड़ाही में घी डालकर सेंक लीजिए. गुलाबी सिक जाने पर गर्म पानी अंदाज से डाल दीजिए. नमक डालकर ढक्कन बंद कर दीजिए. पक जाने पर दूध चीनी के साथ खाइए.

गेहूं का नमकीन दलिया

सामग्री :

गेहूं का दलिया ... 500 ग्राम   मूंगफली-तेल ... 100 ग्राम
प्याज़ .... 50 ग्राम
नमक, मिर्च, हरी धनिया, पिसी धनिया अंदाज से.

विधि :—प्याज़ व हरी मिर्च को बारीक काट लीजिए. कड़ाही में तेल डालें. गर्म होने पर प्याज़ और हरी मिर्च का बघार छोड़ दीजिए. दलिया डालकर भून लीजिए. दलिया सिक जाने पर नमक, लाल मिर्च, हल्दी, पिसी धनिया, डालकर गर्म पानी अंदाज से डाल दीजिए. ढक्कन बंद कर दीजिए. मंदी आंच पर पकाइए. उतार कर हरी धनिया बारीक काटकर डाल दीजिए. गर्म-गर्म परोसिए.

ज्वार का दलिया

सामग्री :

ज्वार का दलिया ... 500 ग्राम छाछ .... एक लिटर
नमक .... अंदाज से

विधि :—छाछ को भगोने में रखकर उबलने के लिए चढ़ा दीजिए. गर्म होने पर ज्वार का दलिया और नमक डाल दीजिए. छिलके ऊपर आते जाएंगे, उन्हें चम्मच से निकाल कर अलग करती जाइए. चम्मच से चलाती रहिए. गाढ़ा हो जाए तब उतार दीजिए. दूध चीनी के साथ खाइए. बहुत ही स्वादिष्ट लगता है.

पोस्त का दलिया

सामग्री :

गेहूं का दलिया ... 250 ग्राम पोस्त के दाने .... 50 ग्राम
सिवैयां .... 100 ग्राम नमक .... अंदाज से

विधि :—पोस्त के दानों को 4-5 घंटे भिगोए रखें. फिर सिल पर बारीक पीस लें. पानी डालकर कपड़े में छान कर दूध तैयार कर लीजिए. भगोने में पानी डालकर उसमें गेहूं का दलिया डालकर उबलने दीजिए. चम्मच से चलाती रहिए, ताकि गांठें न पड़ें. थोड़ा नमक भी डाल दीजिए. गेहूं का दलिया पक जाए तब दूध और सिवैयां डाल दीजिए. उतार कर चीनी या गुड़ से खाइए.

खिचड़ी

चावल की नमकीन खिचड़ी

सामग्री :

चावल :...... 200 ग्राम अरहर की दाल ... 100 ग्राम
मूंगफली-तेल ... 50 ग्राम प्याज़ .... 100 ग्राम
आलू .... 100 ग्राम
नमक, लाल मिर्च, हल्दी, पिसी धनिया स्वाद के अनुसार एक-दो लौंग राई, ज़ीरा अंदाज से.

विधि :—कुकर में तेल रखकर गर्म कर लीजिए. जीरा, राई, लौंग का बघार छोड़ दीजिए. प्याज़ एवं आलू को बारीक काटकर डाल दीजिए. आलू, प्याज़ गुलाबी हो जाए तब चावल और दाल को पानी से धोकर कुकर में डाल दीजिए. नमक, लाल मिर्च, हल्दी, पिसी धनिया डालकर चलाइए. कुकर का ढक्कन बंद कर दीजिए. एक सीटी होने पर नीचे उतार लीजिए. भाप ठंडी होने पर गर्म-गर्म खाइए.

मोरधान की खिचड़ी

सामग्री :

मोरधान .... 200 ग्राम गिलकी .... 100 ग्राम
घी .... 100 ग्राम
नमक, हरी मिर्च, हरी धनिया अंदाज से.

विधि :—मोरधान (एक प्रकार का धान) को पानी में अच्छी तरह धो लीजिए. कड़ाही में घी रखकर हरी मिर्च का बघार दीजिए. गिलकी के छोटे-छोटे टुकड़े काटकर बघार दीजिए. गिलकी (चिकनी तोरई) पक जाए तब मोरधान बघार दीजिए. नमक डालकर थोड़ा पानी डाल कर ढक्कन बंद कर दीजिए. 5-10 मिनट बाद उतार कर हरी धनिया बारीक काटकर डालिए. यह खिचड़ी भी उपवास (व्रत) में खाई जाती है.

साबूदाने की खिचड़ी

सामग्री :

घी .... 100 ग्राम साबूदाना .... 500 ग्राम
मूंगफली के दाने ... 250 ग्राम
लाल मिर्च, पिसी धनिया, हरी मिर्च, हरी धनिया, नमक अंदाज से.

विधि :—साबूदाने को साफ करके 4-5 घंटे तक भिगोए रखिए. सारा पानी निथार लीजिए. मूंगफली के दानों को कड़ाही में डालकर सेंक लीजिए. मल कर छिलके निकाल लीजिए. मूंगफली के दाने बारीक करने की मशीन में या खलबत्ते में कूट कर बारीक कर लीजिए. साबूदाना अच्छी तरह गल जाए तब कड़ाही में घी रखकर हरी मिर्च को बारीक काटकर डाल दीजिए. साबूदाना डाल दीजिए. मूंगफली के बारीक किए हुए दाने डाल दीजिए. उसे चलाती रहिए. नमक, लाल मिर्च, पिसी धनिया, डालकर चलाती रहिए. 10-15 मिनट ढक्कन ढक कर रख दीजिए. उतार कर हरी धनिया बारीक काटकर डाल दीजिए. साबूदाने की खिचड़ी व्रत (उपवास) में खाई जाती है.

बाटी एवं बाफले

साधारण बाटी

सामग्री :

गेहूं का आटा	500 ग्राम	नमक	अंदाज से
दूध	100 ग्राम	घी	250 ग्राम

विधि :—गेहूं के आटे में नमक मिलाकर दूध में थोड़ा सा घी मिलाकर मोयन लगा दीजिए. पानी से कड़ा गूंध लीजिए. गोल-गोल छोटी लोई बनाकर थोड़ी चपटी करके गोबर के कन्डों को जलाकर उन पर सेंक लीजिए. गुलाबी होने पर घी में डाल कर रख लीजिए. गर्म-गर्म दाल से खाइए.

नमकीन बाफले

सामग्री :

गेहूं का आटा	500 ग्राम	बेसन	250 ग्राम
मूंगफली का तेल ...	100 ग्राम	घी	250 ग्राम

नमक, अजवाइन, पिसी धनिया, लाल मिर्च स्वाद के अनुसार.हरी मिर्च, हरी धनिया, मीठा सोडा अंदाज से.

विधि :—आटे में बेसन मिलाकर नमक, लाल मिर्च, पिसी धनिया, हल्दी, अजवाइन, जीरा, हरी मिर्च, हरी धनिया, मीठा सोडा सब डाल दीजिए. मूंगफली के तेल का मोयन लगाकर पानी से कड़ा गूंध लीजिए. छोटी-छोटी लोई बनाकर एक भगोने में पानी उबलने को रख दीजिए. जब पानी उबल जाए तो लोई को उबलते पानी में डाल दीजिए. जब बाफले उबल कर ऊपर आ जाएं तो पानी में से निकाल कर एक थाली में फैला दीजिए. ठंडे होने पर कन्डों पर डालकर सेंक लीजिए. घी में डालकर गर्म-गर्म बाफले खाइए.

गोभी-मटर का नमकीन पुलाव

सामग्री :

चावल	250 ग्राम	गोभी	250 ग्राम
मटर	250 ग्राम	आलू	100 ग्राम
नमक	25 ग्राम	लाल मिर्च	25 ग्राम
मूंगफली-तेल ...	50 ग्राम		

एक या दो लौंग के दाने, तेजपात, हरी धनिया, पिसा खोपरा अंदाज से

विधि:– एक भगोने में तेजपात को पानी में डालकर उबाल लीजिए. चावल को अच्छी तरह धो लीजिए. गोभी एवं आलू को बारीक काटकर धो लीजिए. मटर के भी दाने निकाल लीजिए. कुकर में तेल डालकर, तेल गर्म होने पर, लौंग का बघार दीजिए. गोभी, आलू, मटर को बघार दीजिए. नमक, लाल मिर्च भी डाल दीजिए. छलनी से छानकर तेजपात का पानी डाल दीजिए. चावल के एक इंच ऊपर तक पानी रहना चाहिए. कुकर का ढक्कन बंद कर दीजिए. एक सीटी होने पर कुकर को नीचे उतार लीजिए. भाप ठंडी होने पर बारीक कटी हुई हरी धनिया और पिसा हुआ खोपरा (सूखा नारियल) डाल दीजिए. गोभी-आलू-मटर का स्वादिष्ट पुलाव तैयार है.

नमकीन बेसन गट्टे का पुलाव

सामग्री :

चावल .... 250 ग्राम   बेसन .... 250 ग्राम
मूंगफली-तेल ... 100 ग्राम   नमक .... 50 ग्राम
लाल मिर्च...... 50 ग्राम   हल्दी .... 15 ग्राम
हरी धनिया, गरम मसाला अंदाज से.

विधि :—बेसन में नमक, लाल मिर्च एवं तेल का थोड़ा मोयन लगाकर आटे की तरह गूंध लीजिए. भगोने में पानी चढ़ा दें. उबलने पर गूंधे हुए बेसन के लम्बे-लम्बे रोल बनाकर डाल दीजिए. रोल जब उबल कर पानी के ऊपर आ जाएं तो निकाल लीजिए. इनका पानी निकाल कर इन्हें थाली में रखकर ठंडा होने पर इनके गट्टे कर लीजिए, यही बेसन गट्टे हैं. अब चावल को साफ पानी से धोकर, अंदाज से एक भगोने में पानी रखकर चढ़ा दीजिए.चावल पक जाएं तब एक कड़ाही में तेल चढ़ाएं, गर्म होने पर लौंग का बघार देकर चावल एवं बेसन के गट्टों को डाल दें. नमक, लाल मिर्च, हल्दी, गरम मसाला डालकर चलाइए. उतार कर हरी धनिया बारीक-बारीक काटकर डाल दीजिए. बेसन के गट्टों का स्वादिष्ट पुलाव तैयार है.

केसरिया मीठा पुलाव

सामग्री :

चावल .... 250 ग्राम   चीनी .... 250 ग्राम
घी .... 100 ग्राम
बड़ी इलायची, पीला रंग (मीठा), खोपरा, लौंग, किशमिश (दाख), चारौली (चिरौंजी) अंदाज से.

विधि :—एक पतीली में घी गर्म कर के लौंग छोड़ दीजिए. अब पानी निथार कर चावल उस में डाल दें. गुलाबी होने तक घी में भूनें. अब अंदाज से पानी डालकर चावल पकाएं. पक जाने पर चीनी, दूध में घोलकर मीठा रंग इसमें मिला दीजिए. उतार कर पिसी हुई इलायची, कद्दूकस किया नारियल व किशमिश भी डाल दें.

मूंग की दाल

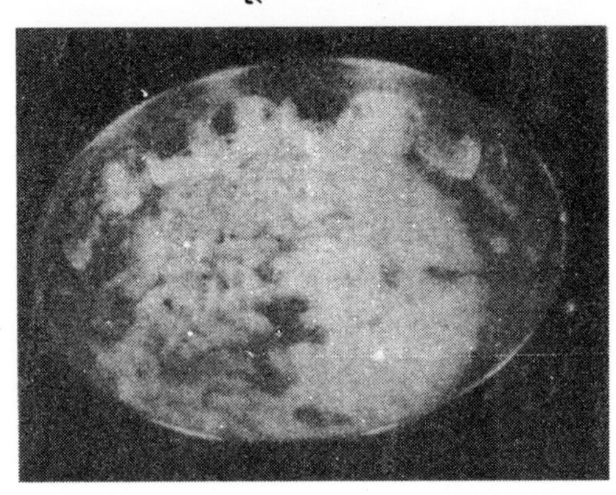

सामग्री :

मूंग की दाल	250 ग्राम	घी	50 ग्राम
नमक	15 ग्राम	लाल मिर्च	15 ग्राम
पिसी धनिया	15 ग्राम	जीरा, हींग अंदाज से.	

विधि :—मूंग की दाल को साफ पानी से धो लीजिए. भगोनी में घी गर्म करके हींग, जीरे का बघार छोड़ दीजिए. दाल छोड़ दीजिए. नमक, लाल मिर्च, हल्दी, पिसी धनिया डालकर अंदाज से पानी डाल दीजिए. ढक्कन बंद कर दीजिए. रोटी से सादी मूंग की दाल स्वादिष्ट लगती है.

अरहर की खट्टी दाल

सामग्री :

अरहर की दाल ...	250 ग्राम	मूंगफली-तेल ...	100 ग्राम
मूंगफली के पिसे दाने	50 ग्राम	चीनी	100 ग्राम
		नमक	20 ग्राम

लाल मिर्च	20 ग्राम	पिसी धनिया	20 ग्राम
कोंकम	15 ग्राम	खोपरा	50 ग्राम

विधि :–कोंकम (अमचूर जैसी खटाई) को पानी से धोकर पानी में भिगोकर रख दीजिए. अरहर की दाल को कुकर में रख कर 4-5 सीटी तक होने दीजिए. दाल पक जाए तब पानी डालकर फेंट लीजिए. भगोनी में तेल डालकर गर्म कर लीजिए. कोंकम, चीनी , नमक, लाल मिर्च, हल्दी, पिसी धनिया डाल दीजिए. फेंटी हुई दाल भी डाल दीजिए. एक उबाल आने पर उतार लीजिए. खोपरा और मूंगफली के पिसे दाने भी डाल दीजिए. पूरी या पराठों के साथ खाइए.

उड़द की दाल

सामग्री :

उड़द की दाल ...	250 ग्राम	प्याज़	100 ग्राम
मूंगफली का तेल..	100 ग्राम	लहसुन	50 ग्राम
पिसी धनिया	50 ग्राम	नमक	25 ग्राम
लाल मिर्च	25 ग्राम	हल्दी	10 ग्राम

विधि :–प्याज़ और लहसुन को छीलकर सिल पर बारीक पीस लीजिए. भगोनी में तेल डालकर पिसे हुए प्याज़, लहसुन को गुलाबी सेंक लीजिए. नमक, हल्दी, लाल मिर्च, पिसी धनिया मिलाकर गुलाबी सेंक कर, दाल को धोकर डाल दीजिए. थोड़ा पानी डालकर ढक्कन बंद कर दीजिए.दाल पक जाए तब उतार लीजिए. स्वादिष्ट कच्चे मसाले की दाल तैयार है.

मसूर की दाल

सामग्री :

मसूर की दाल ...	250 ग्राम	घी	50 ग्राम
हल्दी	10 ग्राम	लाल मिर्च	20 ग्राम
नमक	20 ग्राम	पिसी धनिया	25 ग्राम

लहसुन की 4-5 कलियां.

विधि :–भगोने में घी डालकर गर्म कर लीजिए. लहसुन की कलियों को छील कर डाल दीजिए. नमक, हल्दी, लाल मिर्च, पिसी धनिया, हल्दी, दाल को धोकर डाल दीजिए. थोड़ा पानी डाल दीजिए. ढक्कन को बंद कर दीजिए. दाल पक जाए तो उतार कर गर्म-गर्म परोसिए.

कढ़ी

बथुआ की कढ़ी

सामग्री :

मट्ठा .... आधा लीटर   बेसन .... 100 ग्राम
बथुआ .... 150 ग्राम   घी .... 50 ग्राम
नमक, लाल मिर्च, हल्दी, पिसी धनिया, जीरा, हींग अंदाज से.

विधि :—मट्ठे में बेसन, नमक, लाल मिर्च, हल्दी, पिसी धनिया, घोल कर थोड़ी देर रख दें, ताकि बेसन खूब खट्टा हो जाए. बथुए को काट कर धोकर रख लें. अब कड़ाही में घी गर्म कर हींग, जीरे का छौंक लगा कर बेसन का घोल उस में डाल दें. अब कटा बथुआ भी इस में डाल दें. मंदी आंच पर पकाएं

आलू की कढ़ी

सामग्री :

मट्ठा .... आधा लीटर   बेसन .... 100 ग्राम
घी .... 50 ग्राम   आलू .... 100 ग्राम
नमक, लाल मिर्च, पिसी धनिया, हल्दी, हींग, जीरा अंदाज से.

विधि :—आलू को उबाल कर छोटे-छोटे टुकड़े कर लीजिए. कड़ाही में घी डालें. जब घी गर्म हो जाए तब मट्ठे में बेसन डाल कर बघार दीजिए. नमक, लाल मिर्च, हल्दी, धनिया डाल कर चम्मच से चलाइए. उबाल आने पर उबले हुए आलू के टुकड़े डाल दीजिए. मंदी आंच पर पकने दीजिए

हरे चने की कढ़ी

सामग्री :

मट्ठा ....आधा लीटर   बेसन .... 100 ग्राम
घी .... 50 ग्राम   हरे चने .... 100 ग्राम
नमक, लाल मिर्च, हल्दी, पिसी धनिया, हींग, जीरा अंदाज से.

विधि :—हरे चने को सिल पर थोड़ा मोटा-मोटा पीस लीजिए.कड़ाही में घी डाल कर गर्म कर लीजिए. हींग, जीरे का बघार देकर बेसन को मट्ठे में फेंट कर डाल दीजिए. इसमें पिसे हुए हरे चने भी डाल दीजिए. नमक, लाल मिर्च, हल्दी, पिसी धनिया भी डाल दें. मंदी आंच पर पकाएं. स्वादिष्ट कढ़ी तैयार है.

मोगरे की कढ़ी

सामग्री :

मोगरे .... 250 ग्राम   मट्ठा ....आधा लीटर
बेसन .... 100 ग्राम   घी .... 50 ग्राम
पिसी धनिया, लाल मिर्च, नमक, हल्दी, हींग, जीरा अंदाज से.

विधि :—मूली के मोगरे के छोटे-छोटे टुकड़े कर लीजिए. भगोने में पानी रखकर उबाल लीजिए. ठंडा होने पर पानी निथार दीजिए. मोगरे को मट्ठे में डाल कर, बेसन डाल कर, फेंट लीजिए. कड़ाही में घी डाल कर घी गर्म हो जाए तब हींग, जीरे का बघार छोड़ दीजिए. तैयार किए हुए मट्ठे को भी बघार दीजिए. नमक, लाल मिर्च, पिसी धनिया, हल्दी डाल दीजिए. उबलने पर खाइए.

भजिए की कढ़ी

सामग्री :

मट्ठा ....आधा लीटर   बेसन .... 250 ग्राम
मूंगफली-तेल ... 250 ग्राम
नमक, लाल मिर्च, पिसी धनिया, मेथी दाने, हींग, जीरा अंदाज से.

विधि :—थोड़ा सा बेसन मट्ठे में डालकर मट्ठा फेंट लीजिए. बचे बेसन में थोड़ा नमक और लाल मिर्च डालकर, थोड़े से तेल का मोयन डालकर फेंट लीजिए. कड़ाही में तेल डालकर छोटे-छोटे भजिए उतार लीजिए. बचे हुए तेल में हींग, जीरा, मेथीदानों का बघार छोड़कर, फेंटा हुआ मट्ठा बघार दीजिए. हल्दी, पिसी धनिया, लाल मिर्च, नमक डाल दीजिए. उबाल आने पर भजिए भी डाल दीजिए. गर्म-गर्म कढ़ी खाइए.

भरवां सब्ज़ी

परवल की भरवां सब्ज़ी

सामग्री :

परवल .... 250 ग्राम बेसन .... 100 ग्राम
मूंगफली-तेल ... 100 ग्राम
नमक, लाल मिर्च, हल्दी, पिसी धनिया, सौंफ, हरी धनिया अंदाज से.

विधि :—परवल को छील कर बीच में से काट लीजिए बेसन को थोड़ा सा तेल डालकर कड़ाही में सेंक लीजिए. जब बेसन सिक जाए, तब नमक, हल्दी, पिसी धनिया, लाल मिर्च डाल दीजिए. थोड़ा सा पानी डालकर चलाइए. उतार कर बेसन का तैयार मसाला, परवल में भर दीजिए. कड़ाही में थोड़ा सा तेल रख कर परवल बघार दीजिए. ढक्कन बंद कर दीजिए. थोड़ी-थोड़ी देर में चलाती रहिए. परवल भुन जाएं तब उतार कर हरी धनिया बारीक काट कर डालिए.

करेले की भरवां सब्ज़ी

सामग्री :

करेले .... 250 ग्राम बेसन .... 100 ग्राम
मूंगफली-तेल ... 100 ग्राम नीबू .... एक
चीनी .... 4-5 चम्मच
नमक, हल्दी, पिसी धनिया, लाल मिर्च स्वाद के अनुसार.

विधि :—करेलों को छीलकर नमक लगाकर पानी डालकर उबाल लीजिए. उबल जाने पर साफ पानी से धोकर निचोड़ लीजिए. कड़ाही में थोड़ा सा तेल डालकर बेसन में नमक, हल्दी, मिर्च, धनिया, चीनी डालकर चलाइए. बेसन सिक जाए तब नीबू का रस डाल दीजिए. तैयार मसाले को करेले में भर दीजिए. कड़ाही में तेल डालकर बघार लीजिए. करारे होने पर उतार लीजिए. खट्टे-मीठे, चटपटे करेले तैयार हैं.

बैंगन की भरवां सब्जी

सामग्री :

बैंगन .... 250 ग्राम बेसन .... 50 ग्राम
सौंफ, लाल मिर्च, हल्दी, पिसी धनिया, हरी धनिया अंदाज से.

विधि :—बैंगन को धोकर लम्बाई की तरफ से काट लीजिए. डंठल वैसे ही रहने दीजिए. कड़ाही में तेल गर्म करके बेसन, जीरा, हल्दी, पिसी धनिया, लाल मिर्च, नमक, सौंफ डालकर गुलाबी सेंक लीजिए. इस मसाले को बैंगन में भर दीजिए. थोड़ा सा तेल गर्म करके बैंगन को डाल दें. ढक्कन बंद करके मंदी आंच पर पकने दीजिए. बैंगन पक जाए तो हरी धनिया बारीक काटकर डाल दीजिए.

प्याज़ की भरवां सब्जी

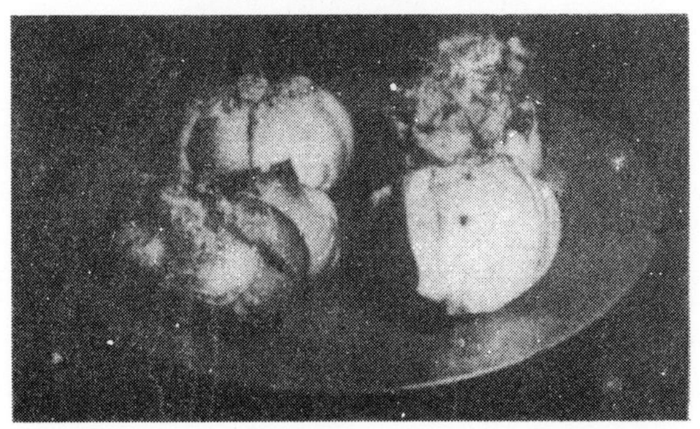

सामग्री :

प्याज़ .... 250 ग्राम आम के अचार
मूंगफली-तेल ... 50 ग्राम का मसाला ..... 100 ग्राम

विधि :—प्याज़ के ऊपर का छिलका निकाल कर बीच में से चीर कर, आम के अचार का मसाला प्याज़ में भर दीजिए. ढक्कन बंद कर दीजिए. लीजिए प्याज़ की चटपटी सब्ज़ी तैयार है.

लौकी की भरवां सब्ज़ी

सामग्री :

लौकी .... 500 ग्राम प्याज़ .... 100 ग्राम
मूंगफली-तेल ... 50 ग्राम
नमक, लाल मिर्च, पिसी धनिया, हल्दी स्वाद के अनुसार.

विधि :–पतली-पतली लौकी लीजिए. ऊपर का छिलका उतार कर बीच में से काटकर छोटे-छोटे टुकड़े कर लीजिए. प्याज़ काटकर सिल पर बारीक पीस लीजिए. नमक, लाल मिर्च, पिसी धनिया व हल्दी मिला दीजिए. कड़ाही में थोड़ा सा तेल डालकर प्याज़ का मसाला सेंक लीजिए. इस मसाले को लौकी के टुकड़ों को बीच में से चीर कर भर दीजिए. कड़ाही में थोड़ा सा तेल डालकर लौकी को बघार दीजिए. ढक्कन बंद कर दीजिए. थोड़ी-थोड़ी देर में चलाती रहिए. स्वादिष्ट सब्ज़ी तैयार है.

हरे टमाटर की भरवां सब्ज़ी

सामग्री :

हरे टमाटर ..... 250 ग्राम   बेसन .... 50 ग्राम
मूंगफली-तेल ... 50 ग्राम
पिसी धनिया, लाल मिर्च, हल्दी, नमक, शक्कर, हींग, जीरा, हरी धनिया अंदाज से.

विधि—हरे टमाटरों को धोकर बिलकुल बीच में से काटकर दो भाग में काट लीजिए. अंदर का गूदा निकाल कर सिल पर पीस लीजिए. कड़ाही में थोड़ा सा तेल डालकर बेसन भून कर व पिसा हुआ टमाटर का गूदा और नमक, हल्दी, पिसी धनिया, लाल मिर्च, चीनी डालकर नीचे उतार कर टमाटर में भर लें ऊपर से ऊपर का भाग चिपका दीजिए. कड़ाही में थोड़ा सा तेल डालकर टमाटर बघार दीजिए. धीरे-धीरे चलाती रहिए. याद रहे कि मसाला फैलने न पाए फिर उतार कर हरी धनिया बारीक काटकर डाल दीजिए.

अरवी के पत्तों के कोफ्ते

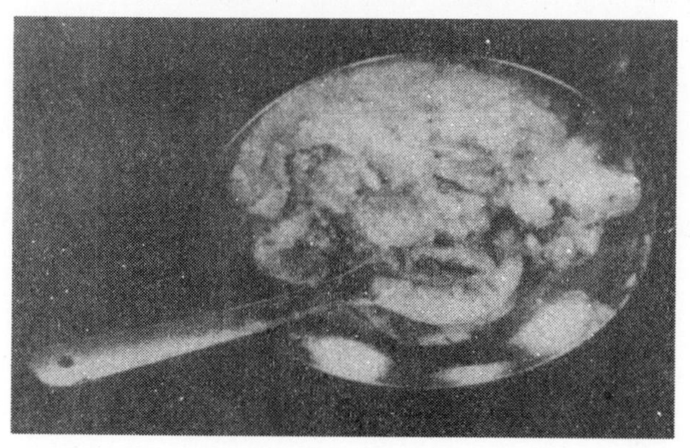

सामग्री :

अरवी के पत्ते ...	200 ग्राम	बेसन	100 ग्राम
लहसुन	25 ग्राम	प्याज़	100 ग्राम
मूंगफली तेल ...	100 ग्राम		

नमक, लाल मिर्च, पिसी धनिया, हल्दी स्वाद के अनुसार.

विधि :—अरवी के पत्तों को धो लीजिए. बेसन में थोड़ा नमक, लाल मिर्च मिला कर पतला घोल तैयार कर लीजिए. अरवी के पत्तों पर बेसन लपेट कर रोल बना लीजिए. रोल को कुकर के डिब्बों में तेल का हाथ लगाकर जमा दीजिए. कुकर में थोड़ा-सा पानी रखकर, इन डिब्बों को जमा कर ढक्कन बंद कर दीजिए. एक सीटी आने पर उतार लीजिए. प्याज़ लहसुन को छील कर, सिल पर बारीक पीसें. नमक, लाल मिर्च, पिसी धनिया, हल्दी मिलाकर, भगोने में थोड़ा सा तेल डालकर प्याज़, लहसुन का मसाला सेंक लीजिए. गुलाबी होने पर जितनी आवश्यकता हो उतना पानी डालकर उबलने दीजिए. अरवी के रोलों को कुकर में से निकाल कर कड़ाही में तेल डालकर तल लीजिए. प्याज़, लहसुन का रसा उबलने लगे तो इन अरवी के रोलों को डाल दीजिए. लीजिए अरवी के कोफ्ते तैयार हैं.

लाल टमाटर के कोफ्ते

सामग्री :

लाल टमाटर .... 500 ग्राम बेसन .... 100 ग्राम
मूंगफली-तेल ... 250 ग्राम प्याज़ .... 100 ग्राम
नमक, पिसी धनिया, लाल मिर्च, हल्दी स्वाद के अनुसार. अदरक और हरी धनिया अंदाज से.

विधि :—लाल टमाटरों को धोकर सिल पर बारीक पीस लीजिए. उसमें बेसन, थोड़ा नमक, थोड़ी लाल मिर्च, थोड़ा तेल गर्म करके डाल दीजिए. तेल मिलाने से कोफ्ते नरम बनेंगे. चाहें तो थोड़ी चीनी भी मिला लें. इसके पकौड़े बना लीजिए. प्याज़ को बारीक पीस कर, नमक, हल्दी, लाल मिर्च, पिसी धनिया मिलाकर कड़ाही में थोड़ा सा तेल डालकर मसाला भून लें. आप जितना रसा रखना चाहतीं हों, उतना ही पानी डाल दीजिए. जब पानी उबलने लगे तब टमाटर के पकौड़े डाल दीजिए. नीचे उतारकर हरी धनिया बारीक काटकर डाल दीजिए.

कटहल के कोफ्ते

सामग्री :

कटहल .... 250 ग्राम बेसन .... 100 ग्राम
मूंगफली-तेल ... 100 ग्राम
हल्दी, प्याज़, लहसुन स्वाद के अनुसार.

विधि :—हाथ में तेल लगाकर कटहल का छिलका चाकू से हटाकर, छोटे-छोटे टुकड़े काट लीजिए. भगोने में पानी रखकर कटहल के टुकड़ों को उबाल लीजिए. निकालकर बेसन डाल कर थोड़ा नमक, लाल मिर्च डालकर हाथ से मसल लीजिए. कड़ाही में तेल डालकर छोटे-छोटे पकौड़े उतार लीजिए. प्याज़, लहसुन को सिल पर बारीक पीस लीजिए. नमक, लाल मिर्च, हल्दी, धनिया मिलाकर थोड़ा तेल कड़ाही में डालकर सेंक लीजिए. थोड़ा पानी डाल दीजिए. पानी उबलने लगे तो, कटहल के पकौड़े डाल दीजिए. कटहल के स्वादिष्ट कोफ्ते तैयार हैं.

केले के कोफ्ते

सामग्री :

पके केले .... 6 (छः) बेसन .... 100 ग्राम
चीनी .... 25 ग्राम मूंगफली-तेल ... 100 ग्राम
नमक, लाल मिर्च, हल्दी, पिसी धनिया स्वाद के अनुसार. जीरा, हींग अंदाज से.

विधि :—केलों के ऊपर का छिलका निकाल कर केलों को हाथ से मसल दीजिए. बेसन तथा थोड़ा नमक, लाल मिर्च, चीनी डालकर फेंट लीजिए. कड़ाही में तेल डालकर पकौड़े उतार लीजिए. कड़ाही में थोड़ा सा तेल डाल कर हींग, जीरे का बघार छोड़कर नमक, लाल मिर्च, हल्दी, धनिया डालकर पानी डाल दीजिए. उबलने पर केले के पकौड़े डाल दीजिए. लीजिए केले के कोफ्ते तैयार हैं.

मलाई के कोफ्ते

सामग्री :

मलाई.........	100 ग्राम	आलू	250 ग्राम
प्याज़	100 ग्राम	चीनी	50 ग्राम
डालडा घी......	250 ग्राम	लहसुन	25 ग्राम

हल्दी, लाल मिर्च, नमक, अमचूर स्वाद के अनुसार. हरी मिर्च, हरी धनिया अंदाज से.

विधि :—आलू को उबाल कर छील कर मसल लीजिए. इसमें नमक, लाल मिर्च, थोड़ी हल्दी व हरी मिर्च, हरी धनिया बारीक काट करके डाल दीजिए. आलू के गोल-गोल लड्डू जैसे बनाकर कड़ाही में घी डालकर तल लीजिए. अमचूर को उबाल कर बारीक पीस लीजिए. पिसा हुआ प्याज. लहसन कड़ाही में डाल दीजिए. गुलाबी होने पर नमक, लाल मिर्च, पिसी धनिया, हल्दी और पिसा हुआ अमचूर, मलाई डाल दीजिए. थोड़ा पानी और डाल दीजिए. उबाल आने पर तले हुए आलू भी डाल दें. नीचे उतार कर हरी धनिया बारीक काट कर डालें व परोसें.

कद्दू के कोफ्ते

सामग्री :

कद्दू	250 ग्राम	बेसन	100 ग्राम
मूंगफली तेल	100 ग्राम	चीनी	25 ग्राम
नीबू	एक		

नमक, लाल मिर्च, पिसी धनिया स्वाद के अनुसार. हींग, जीरा अंदाज से.

विधि :—कद्दू को कद्दूकस कर लें. भगोने में पानी रखकर कसा हुआ कद्दू डाल कर उबाल लीजिए. ठंडा होने पर पानी निचोड़ कर बेसन में डाल दीजिए. थोड़ा नमक लाल मिर्च, चीनी , नीबू का रस मिलाकर फेंट लीजिए. कड़ाही में तेल डालकर पकौड़े उतार लीजिए. बचे हुए तेल में हींग, जीरे का बघार देकर नमक, हल्दी, पिसी धनिया, लाल मिर्च डालकर मंदी आंच पर सेंक लीजिए. जितना रसा रखना हो उतना पानी डालकर उबलने पर कद्दू के पकौड़े डालकर उतार लीजिए.

छिलकों की सब्ज़ी

तुरई के छिलकों की सब्ज़ी

सामग्री :

तुरई के छिलके .. 100 ग्राम   मूंगफली-तेल ... 50 ग्राम
प्याज़ .... 100 ग्राम
नमक, लाल मिर्च अंदाज से.

विधि :—तुरई के छिलकों को बारीक काट लीजिए. कड़ाही में तेल डालकर प्याज़ को बारीक काटकर डाल दीजिए. तुरई के छिलके डाल दीजिए. छिलके जब करारे हो जाएं तब नमक और लाल मिर्च डालकर उतार लीजिए.

करेले के छिलकों की सब्ज़ी

सामग्री :

करेले के छिलके ... 200 ग्राम   प्याज़ .... 100 ग्राम
चीनी .... 10 ग्राम   नीबू .... एक
नमक, लाल मिर्च अंदाज से.

विधि :—करेले के छिलकों को नमक लगाकर 2-3 घंटे के लिए रख दीजिए. पानी निथार कर धो कर एक तरफ रख लें. कड़ाही में तेल डालकर प्याज़ को बारीक काट कर तेल में डाल दीजिए. प्याज़ गुलाबी हो जाए तब करेले के छिलके भी डाल दीजिए. मंदी आंच पर भुनने दीजिए. ज़ब करारे हो जाएं, तब नमक, लाल मिर्च, चीनी डालकर नीबू निचोड़ दीजिए. चलाकर उतार लीजिए.

परवल के छिलकों की सब्ज़ी

सामग्री :

परवल के छिलके ... 100 ग्राम   प्याज़....... 100 ग्राम
मूंगफली-तेल .. .. 50 ग्राम
हल्दी नमक, लाल मिर्च, पिसी धनिया, हरी धनिया अंदाज से.

विधि :—परवल के छिलकों और प्याज़ को बारीक काट लें. कड़ाही में तेल गरम करके उसमें दोनों को डाल दें. जब परवल के छिलके करारे हो जाएं, तब नमक, लाल मिर्च, धनिया, हल्दी डालकर चलाइए और उतार लीजिए. हरी धनिया भी बारीक काटकर डाल दीजिए.

लौकी के छिलकों की सब्ज़ी

सामग्री :

लौकी के छिलके... 100 ग्राम तिल......... 25 ग्राम
मूंगफली-तेल .... 100 ग्राम प्याज़........ 100 ग्राम
नमक, लाल मिर्च, हल्दी, पिसी धनिया अंदाज से.

विधि :—लौकी के छिलके उतारकर बारीक-बारीक काट लीजिए. प्याज़ को भी बारीक काट लीजिए. कड़ाही में थोड़ा तेल डालकर प्याज़ को गुलाबी सेंक लीजिए. लौकी के छिलके डालकर मंदी आंच पर कुरकुरे कर लीजिए. तिल, नमक, लाल मिर्च, हल्दी, धनिया डालकर उतार लें.

पके केले के छिलकों की सब्ज़ी

सामग्री :

केले के छिलके... 12 अमचूर........ 25 ग्राम
चीनी .... 10 ग्राम मूंगफली का तेल... 25 ग्राम
नमक, लाल मिर्च, हल्दी स्वाद के अनुसार. हींग, ज़ीरा अंदाज से.

विधि :—केले के छिलकों को बारीक काट लीजिए. अमचूर को पानी में उबालकर बारीक पीस लीजिए. कड़ाही में तेल डालकर हींग, जीरे का बघार लगाकर केले के छिलके के टुकड़े डाल दीजिए. केले के छिलके पक जाएं तब अमचूर का पानी, नमक, लाल मिर्च, हल्दी, पिसी धनिया, चीनी डालकर उतार लीजिए. लीजिए तैयार है, खट्टी-मीठी स्वादिष्ट सब्ज़ी.

सलाद

प्याज़, मेथी, मूली, टमाटर का सलाद

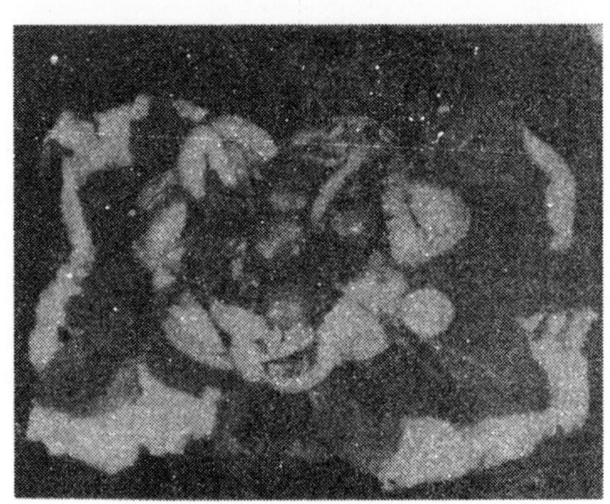

सामग्री :

प्याज़	50 ग्राम	मूली	50 ग्राम
मेथी	50 ग्राम	टमाटर	50 ग्राम

नमक, जीरा, लाल मिर्च अंदाज से.

विधि :—प्याज़ को बारीक काट लीजिए. मेथी, मूली, टमाटर को भी बारीक काट लीजिए. जीरा, नमक, लाल मिर्च, डालकर थोड़ा सा पानी डाल दीजिए. लीजिए सलाद तैयार है.

मलाई और फलों का सलाद

सामग्री :

मलाई	100 ग्राम	अमरूद	50 ग्राम
नारंगी	एक	सेव	50 ग्राम
अंगूर	100 ग्राम	चीकू	100 ग्राम
चीनी	250 ग्राम	इलायची अंदाज से.	

विधि :—अमरूद, सेव, नारंगी, चीकू के बीज निकाल कर बारीक काट लीजिए. अंगूर भी डाल दीजिए. मलाई मिलाकर चीनी भी डाल दीजिए, चम्मच से चलाइए. इलायची को बारीक करके डाल दीजिए. लीजिए मीठा स्वादिष्ट सलाद तैयार है.

चटनी

हरे पोदीने की चटनी

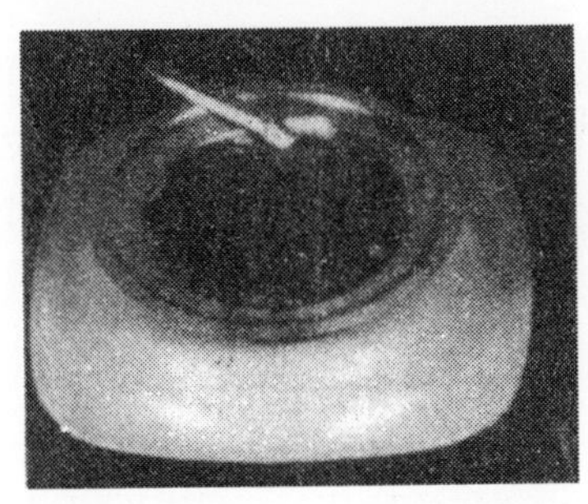

सामग्री :

हरा पोदीना ..... 50 ग्राम　　प्याज़ .... 25 ग्राम
कच्चा आम ..... 25 ग्राम　　चीनी .... 25 ग्राम
नमक, जीरा, लाल मिर्च अंदाज से.

विधि :—हरे पोदीने को पानी से धो लीजिए. प्याज़ को काट लीजिए. सिल पर प्याज़, पोदीने और कच्चे आम को बारीक पीस लें. नमक, लाल मिर्च, जीरा, चीनी मिलाकर बारीक पीस लीजिए. पोदीने की चटनी गर्मियों में बहुत लाभदायक होती है.

नारियल की चटनी

सामग्री :

किसा नारियल ....100 ग्राम　　लहसुन .... 25 ग्राम
मूंगफली-तेल ..... 20 ग्राम
नमक, लाल मिर्च, हल्दी स्वाद के अनुसार. हरी धनिया अंदाज से.

विधि :—मूंगफली का तेल कड़ाही में डालकर गर्म कर लीजिए. लहसुन को छील कर बारीक काटकर डाल दीजिए. गुलाबी होने पर खोपरा (नारियल) डाल दीजिए.

चलाइए. नमक, लाल मिर्च, हल्दी डाल दीजिए. उतार कर हरी धनिया बारीक काटकर डाल दीजिए.

तिल की चटनी

सामग्री :

तिल .... 50 ग्राम मूंगफली-तेल ... 25 ग्राम
नमक, हल्दी, लाल मिर्च, जीरा, हींग अंदाज से.

विधि :—तिलों को साफ करके कड़ाही में हल्का सा सेंक लें. खलबत्ते में बारीक कूट लीजिए. कड़ाही में तेल डालकर हींग और जीरे का बघार छोड़कर कुटे हुए तिल डालकर नमक, लाल मिर्च, हल्दी डालकर चलाइए. उतार कर कांच की प्याली में रख दीजिए. तिलों की चटनी बहुत दिनों तक खराब नहीं होती.

मूंगफली की चटनी

सामग्री :

मूंगफली के दाने ... 250 ग्राम मूंगफली-तेल ... 25 ग्राम
नमक, लाल मिर्च, हींग, जीरा अंदाज से.

विधि :—मूंगफली के दानों को कड़ाही में डालकर सेंक लीजिए. मसल कर छिलके निकाल लीजिए. खलबत्ते में डालकर बारीक कूट लीजिए. कड़ाही में तेल डालकर हींग, जीरे का बघार छोड़ दीजिए. मूंगफली के पिसे हुए दाने भी डाल दीजिए. लाल मिर्च, नमक डालकर चलाइए. उतार लीजिए. मूंगफली की चटनी तैयार है.

चने की दाल की चटनी

सामग्री :

चने की दाल .... 250 ग्राम मूंगफली-तेल ... 100 ग्राम
नमक, लाल मिर्च, हल्दी स्वाद के अनुसार. जीरा, हींग, हरी मिर्च, धनिया अंदाज से.

विधि :—चने की दाल को रात में पानी में भिगो कर सुबह सिल पर पीस लीजिए. कड़ाही में जीरा, हींग, मिर्च का बघार छोड़कर पिसी हुई दाल डालकर चलाइए. मंदी आंच पर सेंकती रहिए. सुगंध आने लगे तब नमक, लाल मिर्च, हल्दी डालकर चलाइए. उतार कर हरी धनिया बारीक काटकर डाल दीजिए. चने की दाल की जायकेदार चटनी तैयार है.

छुहारे और अमचूर की चटनी

सामग्री :

छुहारे	100 ग्राम	अमचूर	100 ग्राम
सोंठ	25 ग्राम	सौंफ	25 ग्राम
काली मिर्च	10 ग्राम	लौंग..........	10 ग्राम
बड़ी इलायची ...	10 ग्राम	गुड़	250 ग्राम
घी	100 ग्राम	नमक	25 ग्राम

विधि :—छुहारे और अमचूर के बीज निकाल कर रात को भिगो दीजिए. सुबह सिल पर बारीक पीस लीजिए. सोंठ, सौंफ, काली मिर्च, गुड़, बड़ी इलायची, नमक इसमें मिलाकर बारीक पीस लें. जब खूब बारीक हो जाए, तो कड़ाही में घी गर्म करके छौंक दीजिए. उबल जाए तो उतार कर कांच की प्याली में रखिए.

क्च्चे आम का मीठा अचार

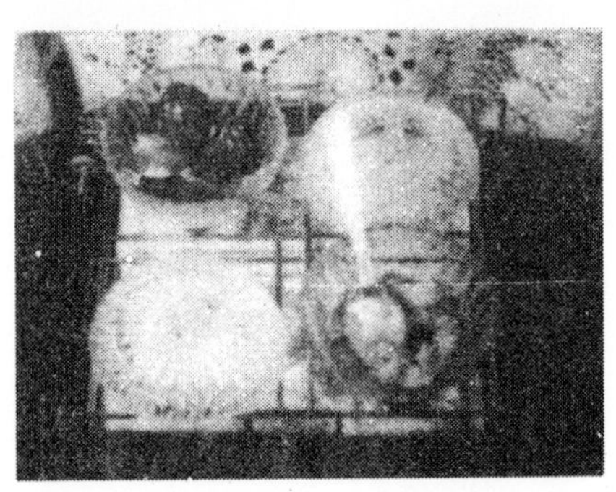

सामग्री :

कच्चे आम	500 ग्राम	नमक	35 ग्राम
राई	25 ग्राम	सौंफ	25 ग्राम
हल्दी	10 ग्राम	लाल मिर्च	25 ग्राम
पिसी धनिया	50 ग्राम	मूंगफली-तेल ...	100 ग्राम

हींग, जीरा, चीनी अंदाज से.

विधि :—कच्चे आम के ऊपर का छिलका और अन्दर की गुठली निकाल कर छोटे-छोटे टुकड़े काट लीजिए. थोड़ा पानी डालकर इन टुकड़ों को उबाल लीजिए. पानी निथार दीजिए. राई, सौंफ को बारीक पीसकर मिला दीजिए. नमक, हल्दी, पिसी धनिया भी इसमें मिला दीजिए. कड़ाही में तेल डालकर हींग, जीरे का बघार देकर कच्चे आम के उबले टुकड़े डालकर चलाइए. चीनी मिलाकर उतार लीजिए.

कच्चे आम का नमकीन अचार

सामग्री :

कच्चे आम	एक किलो	नमक	50 ग्राम
राई	25 ग्राम	हल्दी	25 ग्राम

मेथी दाने	25 ग्राम	सौंफ	25 ग्राम
लाल मिर्च......	25 ग्राम	हल्दी	25 ग्राम
मूंगफली-तेल	250 ग्राम		

हींग अंदाज से.

विधि :–कच्चे आमों को धोकर पोंछ लीजिए. एक आम के आठ टुकड़ों के हिसाब से काट लीजिए. मेथी दाने, राई, सौंफ को बारीक कूट लें. थोड़ा सा तेल गर्म करके उसमें हींग डाल दीजिए. इस हींग को निकाल कर इस तेल को मसाले में डालकर राई, सौंफ, नमक, मेथी दाने, लाल मिर्च, हल्दी सब को फेंट लीजिए. कच्चे आम के टुकड़ों में यह मसाला मिलाकर मर्तबान में भरकर रख दें. एक दिन बाद ऊपर से तेल डाल दीजिए. यह अचार साल भर तक खराब नहीं होता है.

नीबू का अचार

सामग्री :

नीबू..........	50	पिसा नमक	250 ग्राम
राई	50 ग्राम	सौंफ	50 ग्राम
हल्दी	25 ग्राम	लाल मिर्च......	250 ग्राम

विधि :–नीबू को काटकर थोड़ा-थोड़ा रस निकाल लीजिए. नीबू के छोटे-छोटे टुकड़े काटकर, राई, सौंफ को खलबत्ते में कूटकर बारीक कर लीजिए. राई, सौंफ, हल्दी, नमक, लाल मिर्च को मिलाकर नीबू का रस डालकर फेंट लें. इस पेस्ट को नीबू के टुकड़ों में मिलाकर चीनी की बर्नी में भर कर रख दीजिए.

करौंदे का अचार

सामग्री :

करौंदे	250 ग्राम	नमक	15 ग्राम
हल्दी	10 ग्राम	पिसी धनिया	50 ग्राम
सौंफ	25 ग्राम	राई	25 ग्राम
लाल मिर्च......	25 ग्राम	मूंगफली-तेल ...	50 ग्राम

हींग, जीरा अंदाज से.

विधि :–करौंदों को उबालकर पानी निथार दीजिए. राई, सौंफ को बारीक कूट कर नमक, हल्दी, लाल मिर्च, पिसी धनिया मिलाकर कड़ाही में तेल गर्म करके हींग, जीरे का बघार देकर, करौंदों को डाल दीजिए. मंदी आंच पर 5-10 मिनट तक पकने दीजिए. करौंदे का स्वादिष्ट अचार तैयार है.

मुरब्बा

अदरक का मुरब्बा

सामग्री :

अदरक .... 250 ग्राम चीनी .... 500 ग्राम
नीबू .... एक

विधि :—अदरक को अच्छी तरह धोकर साफ कर लीजिए. चाकू से ऊपर का छिलका निकाल दीजिए. कांटे से गोद कर अदरक को पानी में डाल दीजिए. चीनी की एक तार की चाशनी बनाकर चाशनी गाढ़ी हो जाए, तब अदरक को डाल दीजिए. नीबू का रस डाल दीजिए. सर्दी, जुकाम में यह मुरब्बा लाभप्रद रहता है.

कच्चे आम का मुरब्बा

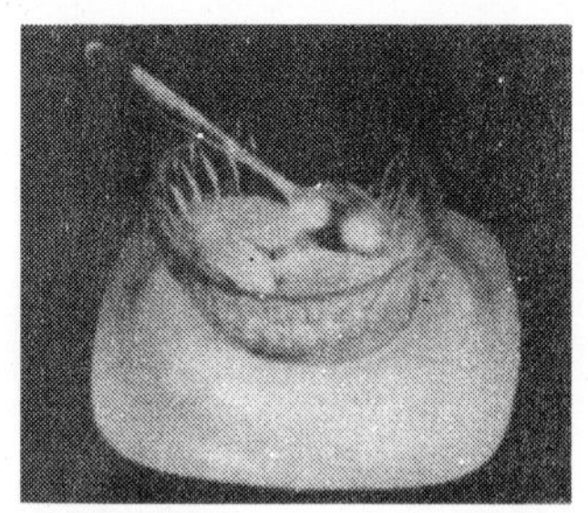

सामग्री :

कच्चे आम ..... 1 किलो चीनी .... 1 किलो
छोटी इलायची, केसर अंदाज से.

विधि :—आम का छिलका उतार कर बड़े-बड़े टुकड़े कर लें. इन्हें थोड़ी देर भाप में पका कर नरम करें. दो तार की चाशनी बनाकर इन टुकड़ों को डाल दें. मंदी आंच पर थोड़ी देर पकाएं. उतारने से पहले पिसी इलायची, केसर या मीठा पीला रंग डाल दें. ठंडा होने पर कांच की बर्नी में भर दें.

रायते

केले का रायता

सामग्री :

दही	250 ग्राम	केले	2
छोटी इलायची ...	3-4	चीनी	100 ग्राम

विधि :—दही को फेंट कर केले के छिलके निकाल कर चाकू से छोटे-छोटे टुकड़े काट कर दही में डाल दीजिए. चीनी भी डाल दीजिए. इलायची को बारीक करके डाल दीजिए. केले का मीठा रायता तैयार है.

बेसन की बूंदी का रायता

सामग्री :

दही	250 ग्राम	बेसन	100 ग्राम
मूंगफली-तेल ...	50 ग्राम		

नमक, लाल मिर्च, जीरा, राई अंदाज से.

विधि :—दही को फेंट लीजिए. इसमें थोड़ा पानी डालकर पतला मट्ठा बना लीजिए. जीरे को सेंक कर, बारीक पीस लीजिए. मट्ठे में डाल दीजिए. राई को भी बारीक पीसकर मट्ठे में डाल दीजिए. थोड़ा नमक, थोड़ी लाल मिर्च डाल दीजिए. बेसन में थोड़ा नमक, लाल मिर्च मिलाकर पानी डालकर फेंट लीजिए. कड़ाही में तेल डालकर गोल छेद वाले झारे में पतला बेसन डालकर चलाइए. बूंदी बन जाएगी.

तल कर निकाल लीजिए. एक भगोनी में थोड़ा गुनगुना पानी कर के बेसन की बूंदी को उसमें डालें, फिर निकाल कर मट्ठे में डाल दीजिए. स्वादिष्ट बूंदी का रायता तैयार है.

लौकी का रायता

सामग्री :

लौकी . . . . 250 ग्राम दही . . . . 100 ग्राम

नमक, लाल मिर्च, जीरा, राई स्वाद के अनुसार.

विधि :—दही में थोड़ा पानी डालकर फेंट लीजिए. जीरा सेंक कर, बारीक पीस कर डाल दीजिए. राई को भी बारीक पीस कर डाल दीजिए. नमक, लाल मिर्च भी डाल दीजिए. लौकी के ऊपर का छिलका निकाल कर कद्दूकस कर लीजिए. कसी हुई लौकी को उबाल लीजिए. पानी को निचोड़ दीजिए. लौकी को मट्ठे में डाल कर चलाइए. लौकी का रायता तैयार है.

खीर

चावल की खीर

सामग्री :

दूध .... 1 किलो   चावल .... 50 ग्राम
चीनी .... 100 ग्राम   घी .... 50 ग्राम
लौंग, इलायची, चारौली अंदाज से.

विधि :—दूध को उबालकर गाढ़ा कर लीजिए. चावल को पानी से धोकर थोड़ी देर चावल को गला दीजिए. हाथ से मसल कर चावल को बारीक कर लीजिए. कड़ाही में घी डालकर लौंग का बघार छोड़कर चावल को मंदी आंच पर सेंक कर गाढ़ा किया हुआ दूध डाल दीजिए. चीनी डालकर उतार लीजिए. ठंडी होने पर इलायची को बारीक करके डाल दीजिए. चारौली (चिरौंजी) डालकर पूड़ी के साथ खाइए.

साबूदाने की खीर

सामग्री :

साबूदाना .... 50 ग्राम   दूध .... 1 किलो
चीनी .... 100 ग्राम

विधि :—साबूदाने को 2-3 घंटे पानी में भिगो दीजिए. दूध को गर्म करके साबूदाना डाल दीजिए. जब गल जाए तो चीनी डालकर उतार लीजिए. साबूदाने की खीर व्रत (उपवास) में खाने के काम आती है.

मखाने की खीर

सामग्री :

दूध	500 ग्राम	मखाने	50 ग्राम
चीनी	100 ग्राम	घी	25 ग्राम

विधि :–घी को कड़ाही में डालकर मखानों को सेंक कर खलबत्ते में थोड़े-थोड़े कूट लें. दूध को उबलने रख दें. गाढ़ा होने पर उसमें डाल दें. चीनी डालकर थोड़ा गाढ़ा करके उतार लीजिए. व्रत (उपवास) में खाने के लिए खीर तैयार है.

सिंघाड़े की खीर

सामग्री :

सिंघाड़े	100 ग्राम	दूध	250 ग्राम
घी	50 ग्राम	चीनी	100 ग्राम

विधि :–सिंघाड़े के आटे को कड़ाही में घी डालकर सेंक लें. आटा भुन जाए तब दूध डाल कर गाढ़ा कर लीजिए. चीनी डालकर उतार लीजिए. सिंघाड़े की खीर व्रत (उपवास) में खाने के काम आती है.

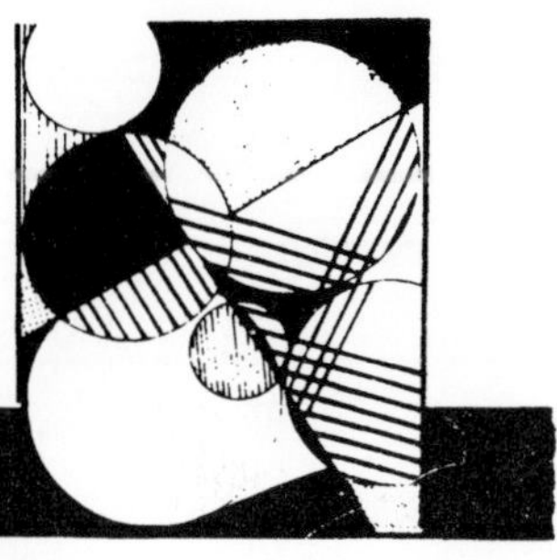

पापड़

साबूदाने के पापड़

सामग्री :

साबूदाना .... एक किलो नमक .... 50 ग्राम

विधि :—साबूदाने को 4-5 घंटे भिगोए रखिए. जब गल जाए, तब गर्म उबलते पानी में डालकर गाढ़ा करती रहिए. इतना गाढ़ा हो जाए कि चम्मच से डाल सकें, तो नमक डाल कर उतार लीजिए. पोलीथीन पर बड़ी चम्मच से डालती जाइए. अपने आप फैल कर गोल टिकिया बन जाएगी. सूखने पर तलकर खाइए. स्वादिष्ट साबूदाने के पापड़ तैयार हैं.

कटहल के पापड़

सामग्री :

कटहल .... 1 किलो नमक .... 25 ग्राम
लाल मिर्च ...... 25 ग्राम जीरा .... 10 ग्राम

विधि :—कटहल के ऊपर का छिलका उतार दीजिए. उबाल कर सिल पर बारीक पीस लीजिए. नमक, लाल मिर्च, जीरा मिलाकर आटे की तरह गूंध लीजिए. चकली पर पोलीथीन रखकर एक छोटी सी कटहल की लोई रखकर, दूसरा पोलीथीन ऊपर से रखकर बेलन से थोड़ा सा बेल कर पोलीथीन पर सुखा दीजिए. सूखने के बाद तलकर चाय के साथ खाइए. स्वादिष्ट कुरकुरे पापड़ तैयार हैं

गोंद के पापड़

सामग्री :

गोंद .... 100 ग्राम　　चीनी .... 1 किलो
घी .... 250 ग्राम

विधि :—गोंद को साफ करके बारीक पीस लीजिए. आटे की तरह गूंध लीजिए. हाथ से छोटी-छोटी टिकिया बनाकर पोलीथीन पर धूप में सुखा लीजिए. सूखने पर कड़ाही में घी डालकर तल लीजिए. तलने पर गोंद के पापड़ चार गुने फैलते हैं. तीन तार की चाशनी बनाकर उसमें डाल दें. जब पापड़ रस चूस लें, तो निकाल कर खाइए. देखिए बहुत ही स्वादिष्ट पापड़ बनते हैं.

ज्वार के पापड़ं

सामग्री :

ज्वार .... 2 किलो　　सज्जी के फूल ... 25 ग्राम
नमक .... 100 ग्राम　　जीरा .... 10 ग्राम

विधि :—ज्वार को पानी में भिगो दीजिए. पानी रोज सुबह-शाम दोनों समय बदलते रहिए. 5-6 दिन बाद निथार कर खलबत्ते में कूटकर छिलके निकाल लीजिए. छलनी से छानने पर छिलके ऊपर आ जाएंगे. सफेद आटा नीचे रह जाएगा. इस आटे को पानी में डालकर कपड़े में से छान लें. दूध नीचे रह जाएगा. दूध को गाढ़ा करके नमक और सज्जी के फूल डालकर चलाइए. गाढ़ा होने पर चम्मच से पोलीथीन पर डाल दीजिए. सूखने पर तलकर खाइए. स्वादिष्ट पापड़ तैयार हैं.

चावल के पापड़

सामग्री :

चावल .... एक किलो　　नमक .... 50 ग्राम
जीरा .... 25 ग्राम

विधि :—चावल को दो-तीन दिन तक पानी में भिगो कर रख दीजिए. पानी निथार कर खलबत्ते में बारीक कूट लीजिए. भगोने में अंदाज से पानी रखकर चावल का आटा डालकर चलाइए. जब इतना गाढ़ा हो जाए कि चम्मच से डल जाए, तब नमक डाल कर उतार लें. पोलीथीन पर चम्मच से डालती जाइए. सूखने पर खस्ता पापड़ तलकर खाइए.

आलू के पापड़

सामग्री :

आलू	500 ग्राम	नमक	25 ग्राम
जीरा	15 ग्राम	लाल मिर्च	25 ग्राम

विधि :—आलू को उबाल कर छील लीजिए. सिल पर बारीक पीस कर नमक, जीरा, लाल मिर्च मिलाकर आटे की तरह गूंध लीजिए. चकले पर पोलीथीन रखकर उस पर आलू की लोई रखकर दूसरा पोलीथीन ऊपर से रख कर बेलन से पतला गोल बेल कर धूप में सुखा दीजिए. सूखने पर तलकर चाय के साथ.खाइए.

चने की दाल के पापड़

सामग्री :

चने की दाल	1 किलो	उड़द की दाल ...	100 ग्राम
खाने का सोडा ...	50 ग्राम	नमक	50 ग्राम
लाल मिर्च	50 ग्राम	जीरा	25 ग्राम
हींग	5 ग्राम	मूंगफली-तेल ...	50 ग्राम

विधि :—चने की दाल में उड़द की दाल को मिलाकर बारीक बेसन पीस लीजिए इसमें खाने का सोडा, नमक, लाल मिर्च, जीरा, हींग डालकर कड़ा गूंध लीजिए. तेल लगाकर लम्बे-लम्बे रोल बना लीजिए. एक समान आकार की लोई काट कर, चक्रले पर तेल लगाकर पतले बेलन से पतले गोल पापड़ बेल लीजिए. सूखने पर सेंक कर या तल कर खा सकते हैं.

हलवा

सूजी का हलवा

सामग्री :

सूजी.......... 100 ग्राम   घी........... 100 ग्राम
चीनी .... 250 ग्राम
इलायची अंदाज से.

विधि :—कड़ाही में घी डालें. गर्म होने पर सूजी डालकर भून लें. जब गुलाबी हो जाए, तब गर्म पानी डालकर चलाइए. चीनी डालकर उतार लें. इलायची को बारीक पीस कर डाल दीजिए. सूजी का हलवा तैयार है. आप चाहें तो इसमें बादाम, किशमिश, खरबूजे के बीज डाल सकती हैं.

गाजर का हलवा

सामग्री :

गाजर......... 500 ग्राम   दूध .... 250 ग्राम
घी .... 50 ग्राम   चीनी .... 250 ग्राम
इलायची अंदाज से.

विधि :—गाजर को पानी से धो कद्दूकस कर लीजिए. कड़ाही में घी डालकर कसी हुई गाजर डाल दीजिए. गाजर जब नरम पड़ जाए तो दूध डाल दीजिए. चलाती रहिए. गाढ़ा हो जाए तो चीनी डालकर और गाढ़ा कर लीजिए. चीनी का पानी दूर हो जाए तो उतार कर इलायची को बारीक पीस कर डाल दीजिए.

आलू का हलवा

सामग्री :

आलू .... 250 ग्राम   घी........... 100 ग्राम
चीनी .... 250 ग्राम   किसा नारियल .. 50 ग्राम
इलायची अंदाज से.

विधि :—आलू को उबाल कर छील लीजिए, सिल पर बारीक पीस लीजिए. कडाही में घी डालकर हल्की आंच पर सेंक लीजिए चीनी डालकर चलाइए फरका हो जाए, तो उतार कर इलायची किसा नारियल बारीक करके डाल दीजिए. व्रत (उपवास) में खाया जाता है.

सिंघाड़े के आटे का हलवा

सामग्री :

सिंघाड़े का आटा ...250 ग्राम   चीनी .... 250 ग्राम
घी .... 100 ग्राम

विधि :—सिंघाड़े का आटा कड़ाही में घी डालकर भूनें. गुलाबी होने पर गर्म पानी डाल दीजिए. चीनी डालकर चलाइए. उतार कर गर्म-गर्म खाइए. फलाहारी होने के कारण इसे व्रत में भी खा सकते हैं.

भुट्टे का हलवा

सामग्री :

भुट्टे के दाने ..... 250 ग्राम   घी .... 250 ग्राम
चीनी .... 100 ग्राम
लौंग, इलायची अंदाज से.

विधि :—भुट्टे के दानों को बारीक कर लें. कड़ाही में घी डालकर लौंग का बघार दे कर इन्हें कड़ाही में डाल दें. मंदी आंच पर सेंकती रहिए. जब गुलाबी होने लगे तब चीनी डाल दें. इलायची भी बारीक करके डाल दीजिए.

चिरौंली का हलवा

सामग्री :

चिरौंली .... 250 ग्राम   चीनी .... 100 ग्राम
घी .... 100 ग्राम

विधि :—चिरौंली (चिरौंजी) को पानी में एक-दो घंटे भिगोए रखिए. सिल पर बारीक पीस लीजिए. कड़ाही में घी डालकर मंदी आंच पर सेंक कर चीनी डाल दीजिए. चिरौंली का स्वादिष्ट हलवा तैयार है.

लड्डू

सूजी के लड्डू

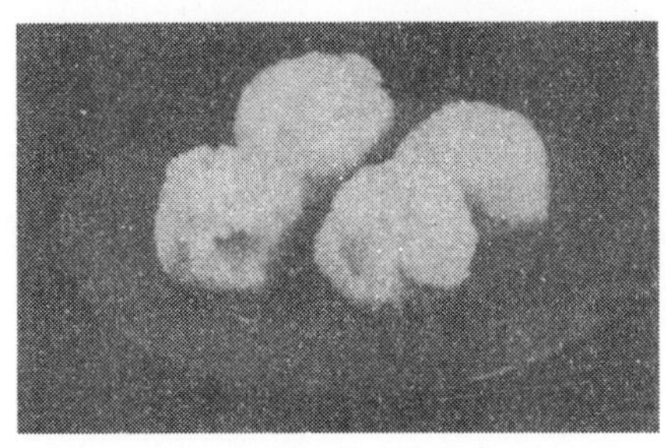

सामग्री :

सूजी..........	500 ग्राम	घी	250 ग्राम
चीनी	500 ग्राम	किशमिश	25 ग्राम
चिरौंली	25 ग्राम		

इलायची अंदाज से.

विधि :—कड़ाही में घी डाल कर सूजी को मंदी आंच पर सेंक लीजिए. गुलाबी होने के बाद उतार लें. थोड़ी ठंडी हो जाए, तब चीनी को बारीक करके मिला दें. चिरौंली (चिरौंजी), किशमिश और इलायची को बारीक करके मिला दीजिए. सबको मिलाकर गोल-गोल लड्डू बना लीजिए.

आटे के लड्डू

सामग्री :

गेहूं का आटा	1 किलो	चीनी	500 ग्राम
घी	500 ग्राम	दूध	250 ग्राम

इलायची अंदाज से.

विधि :—गेहूं के आटे में थोड़ा घी, दूध डालकर मोयन लगा लीजिए. कड़ाही में घी डालकर आटे के मुट्ठे बनाकर तल लीजिए. इन तले हुए मुट्ठों को मसल कर छलनी

में छान लीजिए. कड़ाही में घी डालकर इन्हें थोड़ी देर भूनें. अब चीनी, इलायची बारीक करके मिला दें. गोल-गोल लड्डू बना लें.

मूंग की दाल के लड्डू

सामग्री :

मूंग की दाल ..	500 ग्राम	घी	250 ग्राम
चीनी	500 ग्राम	किशमिश	25 ग्राम
चिरौंली	25 ग्राम		

इलायची अंदाज से.

विधि :—मूंग की दाल धोकर सुखा लीजिए. आटे जैसी महीन पीस लीजिए. कड़ाही में घी डालकर मंदी आंच पर भनें. सिकने की सुगंध आने लगे तब उतार कर थोड़ा ठंडा होने पर चीनी, किशमिश, चिरौंली (चिरौंजी) और इलायची को बारीक करके मिला दीजिए. छोटे-छोटे, गोल-गोल लड्डू बना लीजिए. मूंग की दाल के लड्डू स्वास्थ्य के लिए बहुत अच्छे रहते हैं.

गोंद के लड्डू

सामग्री :

गोंद	250 ग्राम	चीनी	250 ग्राम
घी	250 ग्राम	सूखा नारियल ...	50 ग्राम
किशमिश	25 ग्राम	चिरौंली	25 ग्राम

विधि :—गोंद को साफ करके बारीक पीस लीजिए. चीनी को भी बारीक पीस लें. गोंद और चीनी को मिला कर इसमें घी गर्म करके डाल दीजिए. सूखा नारियल, किशमिश, चिरौंली (चिरौंजी) और इलायची भी डाल दें. अब लड्डू बना लें. सर्दियों में यह बहुत अच्छे रहते हैं.

मिठाइयां

मलाई परवल

सामग्री :

परवल .... 250 ग्राम   खोया .... 250 ग्राम
चीनी .... 500 ग्राम
किशमिश अंदाज से.

विधि :—परवल के ऊपर के छिलके उतार कर बीच में से चीर लें. इन्हें उबाल लें और पानी में से निकाल कर रख लें. खोए को भून कर परवल में भर दें. दो तार की चाशनी बनाकर उसमें परवल डाल दें. पांच मिनट डुबोए रखिए. निकाल कर प्लेट में सजा दें. परवल के दोनों किनारों पर एक-एक किशमिश रखती जाइए.

खोए की जलेबी

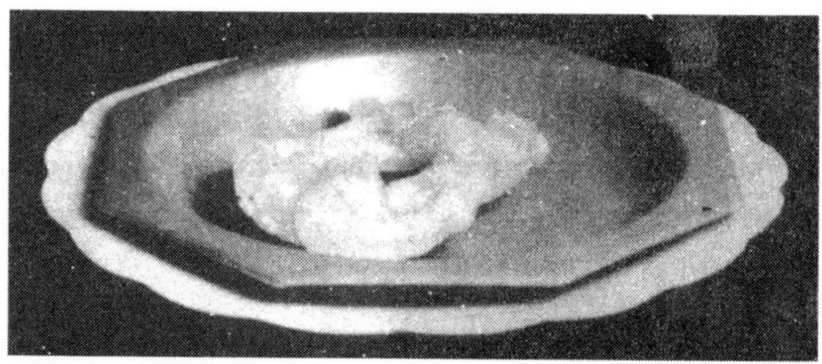

सामग्री :

खोया .... 500 ग्राम   दूध .... 250 ग्राम
चीनी .... 1 क़िलो   घी .... 500 ग्राम

विधि :—खोए को दूध में डालकर पतला बना लें. एक बरतन में एक तार की चाशनी बना लें. एक साफ कपड़े में छेद कर लें. उसमें घोल भर कर जलेबियां बनाकर घी में तल कर चाशनी में डालती जाएं.

खोए के मालपुए

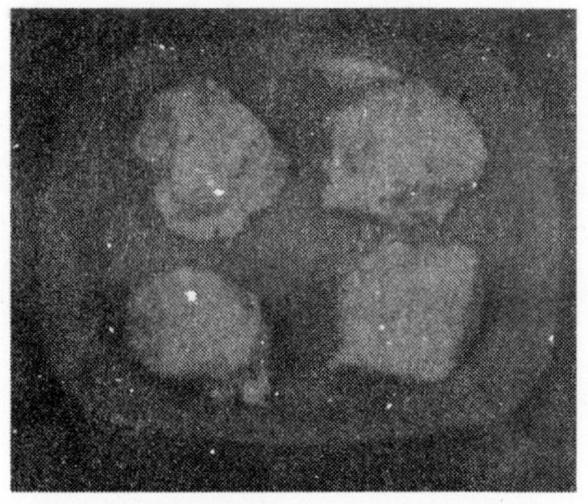

सामग्री :

खोया	500 ग्राम	मैदा	100 ग्राम
चीनी	1 किलो	दूध	250 ग्राम
घी	500 ग्राम		

विधि :—खोया और मैदा को चीनी और दूध मिलाकर पतला घोल तैयार कर लीजिए. कड़ाही में घी गर्म कर लीजिए. घी गर्म होने पर कटोरी से घोल को डालकर छोटी-छोटी टिकिया तल लीजिए. गुलाबी होने पर निकाल लीजिए. बासुन्दी (दूध की बनी हुई सुगंधित पीली मिठाई) के साथ खाइए. बहुत ही स्वादिष्ट लगते हैं.

मीठी गुणी

सामग्री :

सूजी..........	500 ग्राम	चीनी	500 ग्राम
घी	500 ग्राम		

विधि :—सूजी और चीनी को मिलाकर थोड़े से घी का मोयन लगाकर पानी से गूंध लीजिए. छोटी-छोटी लोइयां बनाकर उनको चपटा कर सांचे से डिज़ाइन बना दीजिए. कड़ाही में घी डालकर तल लीजिए. घर आए मेहमानों के लिए प्लेट में सजा कर रखिए.

रसगुल्ले

सामग्री :

छेना (चक्का) ...	500 ग्राम	आरारोट का आटा ..	100 ग्राम
चीनी	500 ग्राम		

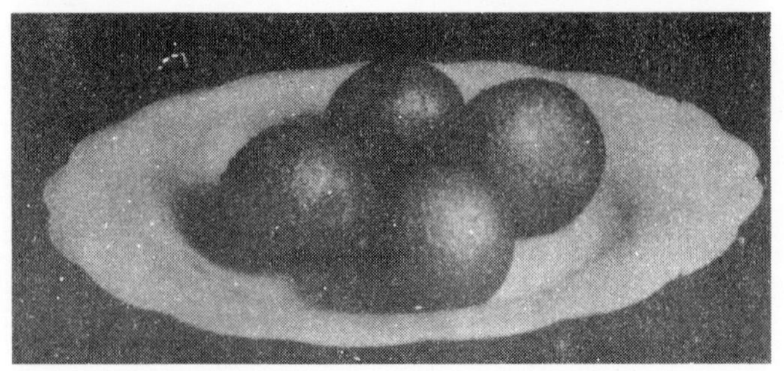

विधि :—दूध में फिटकरी डालकर, फाड़कर, कपड़े में बांध कर लटका दीजिए. पानी टपक जाए तो इसमें आरारोट का आटा मिलाकर गोल-गोल गोलियां बना लीजिए. चीनी की बिना तार की चाशनी बनाकर गोलियों को डाल दीजिए. रस पीने के बाद प्लेट में सजा कर रखिए.

चमचम

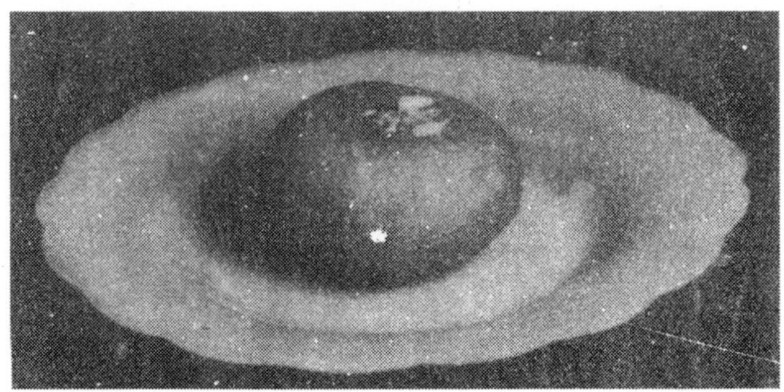

सामग्री :

दूध का छेना	500 ग्राम	मैदा	50 ग्राम
चीनी	500 ग्राम		

पीला रंग अंदाज से.

विधि :—दूध के बने छेने में मैदा और रंग मिलाकर लम्बे-लम्बे रोल बना लें. इन्हें बिना तार की चाशनी में डालकर रख दें. रस पीने पर प्लेट में सजा कर रखिए. खाने में चमचम स्वादिष्ट लगती है.

मावे की कचौरी

सामग्री :

मैदा	500 ग्राम	मावा	200 ग्राम
चीनी	1 किलो	नारियल	100 ग्राम

चिरौंली .... 50 ग्राम किशमिश ...... 25 ग्राम
घी .... 250 ग्राम
इलायची अंदाज से.

विधि :—थोड़ा-सा घी का मोयन लगाकर मैदा माड़ लीजिए. मावे को हल्का सा भून कर उसमें थोड़ी सी चीनी, सूखा नारियल, चिरौंली (चिरौंजी), किशमिश डाल दीजिए. मैदे की लोई बना कर उसको हाथ से जरा सा फैला कर तैयार किया मावे का मसाला भर कर बंद करें. लोई थोड़ी चपटी करके कड़ाही में तल लें. चीनी की एक तार की चाशनी बनाकर उसमें छोड़ती जाएं. निकाल कर थाली में सजा कर रखती जाइए, बेहद स्वादिष्ट मिठाई तैयार है.

बर्फी

तिल की बर्फी

सामग्री :

सफेद तिल ..... एक किलो   खोया .... 250 ग्राम
चीनी .... एक किलो   खोपरा .... 100 ग्राम
चिरौंली .... 25 ग्राम

विधि :—तिल को हल्की आंच पर भून लें. खलबत्ते में बारीक कूट कर, खोया मिला कर कड़ाही में सेंक लें. इसमें पिसी चीनी मिला लें. खोपरा भी मिला दीजिए. थाली में थोड़ा सा घी का हाथ लगा कर गरम रहते ही फैला दीजिए. ऊपर से चिरौंली (चिरौंजी) लगा दीजिए. ठंडा होने पर चाकू से चौकोर टुकड़े काट लीजिए. स्वादिष्ट बर्फी तैयार है.

मूंगफली की बर्फी

सामग्री :

मूंगफली के दाने .. 500 ग्राम   चीनी .... 1 किलो
दूध .... 100 ग्राम

विधि :—मूंगफली को भून कर मसल कर छिलके निकाल दीजिए. इन दानों को खलबत्ते में बारीक कूट लीजिए. अंदाज से चीनी में पानी डालकर चाशनी बना लें. कड़क हो जाए तो उसमें दूध भी डाल दें. अब मूंगफली के कूटे हुए दाने इसमें डाल दें. थाली में घी का हाथ लगा कर यह घोल उसमें फैला दें. ठंडी होने पर काट लीजिए. उपवास में खाने के लिए उपयोगी है.

गीले खोपरे की बर्फी

सामग्री :

कच्चा नारियल .. 250 ग्राम   दूध ....आधा लिटर
चीनी .... 250 ग्राम   घी .... 50 ग्राम
इलायची 4-5

विधि :—कड़ाही में घी डाल कर, खोपरे को उसमें डाल दीजिए. खोपरा जब नरम हो जाए तब उसमें दूध डालकर चलाइए. गाढ़ा होने पर चीनी मिलाकर चलाइए. थाली में घी का हाथ लगाकर फैला दीजिए. ठंडी होने पर चौकोर टुकड़े काट लीजिए. बर्फी तैयार है.

नारंगी की बर्फी

सामग्री :

नारंगी .... 4-5 चीनी .... 250 ग्राम
दूध .... 25 ग्राम

विधि :—नारंगी के ऊपर का छिलका हटाकर बीज और छिलके निकाल दीजिए. बारीक-बारीक टुकड़े काटकर चीनी की गाढ़ी चाशनी बनाकर उसमें दूध डाल दीजिए. नारंगी के बारीक टुकड़े भी डाल दीजिए. थाली में घी का हाथ लगाकर फैला दीजिए. ठंडी होने पर चाकू से चौकोर टुकड़े काट लीजिए. नारंगी रंग की खूबसूरत स्वादिष्ट बर्फी तैयार है.

टमाटर की बर्फी

सामग्री :

टमाटर .... 1 किलो चीनी .... 1 किलो
दूध .... 250 ग्राम खोपरा .... 50 ग्राम

विधि :—टमाटर के टुकड़े काटकर, पानी डालकर उबाल लीजिए. हाथ से मसल कर छलनी से छान लीजिए. चीनी की कड़क चाशनी बनाकर उसमें दूध डाल कर चलाइए. टमाटर का रस डाल दीजिए. गाढ़ा होने पर थाली में फैला दीजिए. ऊपर से खोपरा बुरक दीजिए. ठंडा होने पर चौकोर टुकड़े काट लीजिए. स्वादिष्ट खट्टी-मीठी बर्फी तैयार है.

बेसन की बर्फी

सामग्री :

बेसन .... 250 ग्राम घी .... 100 ग्राम
चीनी .... 250 ग्राम खोपरा .... 25 ग्राम
इलायची 4-5
खाने का पीला रंग अंदाज से.

विधि :—बेसन को घी में डालकर सेंक लीजिए. चीनी की कड़क चाशनी बनाकर उसमें भुना बेसन डाल दीजिए. पीला रंग पानी में घोलकर डाल दीजिए. थाली में घी का हाथ लगाकर फैला दीजिए. ऊपर से खोपरा, इलायची डाल दीजिए.

सिंघाड़े की बर्फी

सामग्री :

सिंघाड़े का आटा... 500 ग्राम घी . . . . 250 ग्राम
चीनी . . . . 500 ग्राम

विधि :–सिंघाड़े के आटे को कड़ाही में घी डाल कर सेंक लीजिए. गुलाबी सिकने के बाद चीनी की कड़क चाशनी बनाकर उसमें डाल दीजिए. थाली में घी का हाथ लगा कर फैला दीजिए. ठंडी होने पर चाकू से काट लीजिए. व्रत (उपवास) में खाने के लिए स्वादिष्ट बर्फी तैयार है.

पिस्ते की बर्फी

सामग्री :

मावा . . . . 250 ग्राम चीनी . . . . 250 ग्राम
पिस्ता . . . . 50 ग्राम

विधि :–मावे को कड़ाही में डालकर सेंक लीजिए. चीनी डालकर चलाइए. थाली में फैला दीजिए. ऊपर से पिस्ते के बारीक-बारीक टुकड़े काटकर चिपका दीजिए. बर्फी के चौकोर टुकड़े चाकू से काट लीजिए.

नमकीन व्यंजन

भाखर बड़ी

सामग्री :

बेसन	500 ग्राम	मूंगफली-तेल	250 ग्राम
सफेद तिल	100 ग्राम	सूखा नारियल ...	100 ग्राम
नीबू	1		

नमक, हल्दी, पिसी धनिया, लाल मिर्च स्वाद के अनुसार. अजवायन, लहसुन अंदाज से.

विधि :—तिल को बारीक पीस लीजिए. लहसुन को भी छील कर बारीक पीस लीजिए. कड़ाही में थोड़ा सा तेल डालकर बारीक पीसा हुआ लहसुन, पिसे तिल, सूखा नारियल, थोड़ी लाल मिर्च, नमक, धनिया मिलाकर भून लीजिए. बेसन में थोड़ा नमक, लाल मिर्च डालकर आटे की तरह गूंध लीजिए. इसकी बड़ी-बड़ी लोइयां बनाकर रोटी की तरह बेल लीजिए. इन पर नीबू का रस लगाकर तिल का तैयार किया मसाला लगा दीजिए. गोल-गोल लपेट कर रोल बना लीजिए. बेसन के रोलों को तेल का हाथ लगाकर प्रेशर कुकर के डिब्बों में रख दीजिए. कुकर में थोड़ा पानी रखकर इन डिब्बों को उसमें रखकर कुकर का ढक्कन बंदकर आग पर चढ़ाइए. एक सीटी आने पर उतारकर ठंडा होने दीजिए. ठंडा होने पर बेसन के रोलों को चाकू से छोटे-छोटे टुकड़े काट लीजिए. कड़ाही में तेल डालकर तल लीजिए. चटपटी जाएकेदार भाखर बड़ी तैयार है.

नमकीन गुणी

सामग्री :

बेसन .... 1 किलो मूंगफली-तेल .... 250 ग्राम
नमक, लाल मिर्च, अजवाइन अंदाज से.

विधि :—बेसन में नमक, लाल मिर्च, अजवाइन, तेल का मोयन लगाकर आटे की तरह गूंध लीजिए. छोटी-छोटी लोइयां बनाकर चपटा करके सांचे से डिजाइन बना दीजिए. तेल में तल लें. लीजिए स्वादिष्ट गुणी तैयार है.

बेसन की सेव

सामग्री :

बेसन .... 500 ग्राम मूंगफली-तेल ..... 250 ग्राम
नमक, लाल मिर्च, अजवाइन, हींग अंदाज से.

विधि :—बेसन में नमक और लाल मिर्च डाल दीजिए. हींग और अंजवाइन को भी बारीक पीसकर डाल दें. बेसन में थोड़ा सा मोयन लगाकर आटे की तरह गूंध लीजिए. कड़ाही में तेल गर्म करके सेव के सांचे से बारीक सेव बना लीजिए.

मूंग की मोगर

सामग्री :

मूंग की धुली दाल .... 1 किलो
मूंगफली-तेल ..... 500 ग्राम
काली मिर्च ..... 25 ग्राम
मीठा सोडा ..... 25 ग्राम
नमक ..... 25 ग्राम

विधि :—मूंग की दाल को धोकर, उस में मीठा सोडा डालकर रात भर भिगोए रखें. सुबह पानी निथार कर रख दें. जब पानी अच्छी तरह सूख जाए तो तेजं आंच पर तल लें. नमक व काली मिर्च पीसकर बुरका दें. चाय के साथ यह अच्छा नाश्ता रहेगा.

दाल मोठ

सामग्री :

बेसन .... 500 ग्राम नमक ....50 ग्राम
मसूर .... 500 ग्राम खरबूजे के बीज ...50 ग्राम

काली मिर्च	25 ग्राम	काला नमक	5 ग्राम
टाटरी	5 ग्राम	मीठा सोडा	25 ग्राम

विधि :—मसूर को 12 घंटे पहले मीठा सोडा डालकर पानी में भिगो दीजिए. बेसन में थोड़ा नमक और तेल का मोयन लगाकर बारीक सांचे से सेव बना लीजिए. मसूर और खरबूजे के बीजों को तल कर इसमें मिला दीजिए. नमक, काली मिर्च, काला नमक और टाटरी को बारीक करके मिला दीजिए. दाल मोठ तैयार है.

गुझियाँ

उड़द की दाल की गुझिया

सामग्री :

उड़द की धुली दाल .... 250 ग्राम
मूंगफली-तेल ... 100 ग्राम
नमक .... 15 ग्राम
लाल मिर्च ...... 20 ग्राम
हींग, जीरा, मीठा सोडा, हरी धनिया अंदाज से.

विधि :—उड़द की दाल को 4-5 घंटे पहले पानी में भिगो दीजिए. भीगने के बाद सिल पर पीस लीजिए. नमक, लाल मिर्च, हींग, जीरा, मीठा सोडा, बारीक कटी हरी धनिया डालकर गुझियों के आकार की टिकिया बनाइए.कड़ाही में तेल डाल कर तल लीजिए. नमकीन गुझियों को दही चटनी के साथ खाइए.

चवले की गुझिया

सामग्री :

चवले के दाने ... 500 ग्राम
नमक .... 15 ग्राम
बेसन .... 100 ग्राम
लाल मिर्च ...... 250 ग्राम
हींग, जीरा, हरी धनिया अंदाज से.

विधि :—चवले के दाने सिल पर बारीक पीस लीजिए. बेसन, नमक, लाल मिर्च, हरी धनिया, डालकर गुझिया के आकार की टिकिया बनाइए. तेल में तल लीजिए. अचार-चटनी से खाइए.

भुट्टे का किस

सामग्री :

भुट्टे के दाने .... 250 ग्राम
मूंगफली-तेल ... 100 ग्राम
नीबू 1

नमक, लाल मिर्च, हल्दी, हरी मिर्च, हरी धनिया और सूखा नारियल अंदाज से.

विधि :—भुट्टे के दानों को बारीक पीस लें. कड़ाही में तेल डालकर हरी मिर्च के बारीक टुकड़े छौंक दें. भुट्टे के बारीक पिसे हुए दानों को डाल दें. चलाती रहिए. नमक, लाल मिर्च, धनिया, हल्दी डालकर गुलाबी होने पर उतार लें नीबू का रस डालकर प्लेट में खोपरा, हरी धनिया डालकर सजाइए.

भुट्टे का थाली पीठ

सामग्री :

कच्चे भुट्टे के दाने... 250 ग्राम   बेसन .... 100 ग्राम
प्याज़ .... 20 ग्राम   मूंगफली-तेल .... 250 ग्राम
नमक, लाल मिर्च अंदाज से.

विधि :—भुट्टे के दानों को बारीक पीस लें. प्याज़ को भी बारीक काट लें. अब एक कड़ाही में घी डालकर प्याज़ को भून लें. इसमें भुट्टे के पिसे हुए दाने भी डाल दें. एक दूसरी कड़ाही में बेसन को भी गुलाबी होने तक भूनें. अब भुट्टे के दाने, बेसन, नमक, लाल मिर्च, कटी हुई धनिया डालकर आटे की तरह गूंध लें. छोटी-छोटी लोइयाँ बनाकर तवे पर सेंक लें.

चकली

साबूदाने की चकली

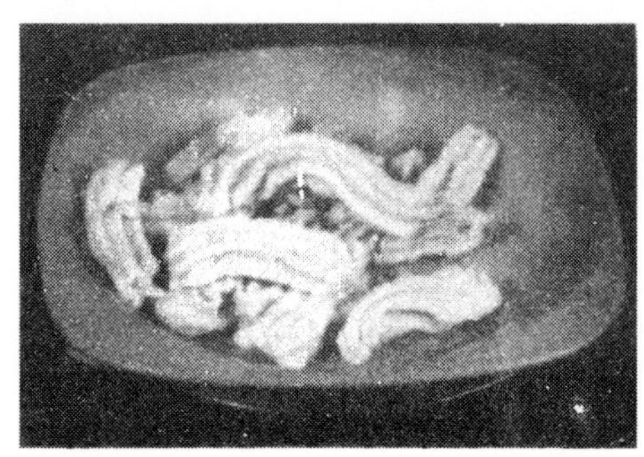

सामग्री :

साबूदाना....... एक किलो   नमक .... 50 ग्राम

विधि :—साबूदाने को रात को भिगो कर रख दीजिए. भीगने के बाद गर्म पानी डाल कर नमक डाल कर चम्मच से चलाइए. थोड़ा गर्म करके गाढ़ा कर लीजिए. सेव के सांचे में चकली की छलनी लगा कर बनाइए. सूखने पर तल कर खाइए. उपवास (व्रत) में खाने के लिए नमकीन तैयार है.

ज्वार की चकली

सामग्री :

ज्वार का आटा... 500 ग्राम   नमक .... 25 ग्राम

जीरा .... 10 ग्राम

हींग, सनचौरा, हरी धनिया, अदरक अंदाज से.

विधि :—पानी उबलने रख दीजिए. जब पानी उबलने लगे तब उसमें लाल मिर्च, नमक, हरी मिर्च, हरी धनिया, सनचौरा (जमा हुआ समुद्र फेन), जीरा, हींग डाल दीजिए. थोड़ा-थोड़ा ज्वार का आटा डालकर चलाइए. गाढ़ा घोल तैयार हो जाए

तो ढक्कन से ढक दीजिए. 15-20 मिनट भाप आने के बाद चकली बनाने के सांचे में तेल लगाकर चकली बनाइए. सूखने पर तल कर खाइए.

चावल की चकली

सामग्री :

चावल .... 500 ग्राम चने की दाल .... 500 ग्राम
मूंगफली-तेल ... 250 ग्राम
नमक, लाल मिर्च, हरी धनिया, हींग, जीरा अंदाज से.

विधि :—चावल और चने की दाल को भूनकर मोटा दरदरा पिसवा लीजिए. अब इसमें नमक, जीरा, लाल मिर्च, हींग, कटी धनिया डालकर तेल का मोयन लगा कर आटे की तरह गूंध लें. कड़ाही में तेल डालकर सांचे में चकली तलती जाइए.

डोसा, इडली इत्यादि

चावल के डोसे

सामग्री :

चावल	500 ग्राम	उड़द की दाल ...	250 ग्राम
दही	250 ग्राम	आलू	250 ग्राम
मीठा सोडा	10 ग्राम	मूंगफली-तेल ...	250 ग्राम

नमक, जीरा, लाल मिर्च, हरी धनिया अंदाज से.

विधि :—चावल और उड़द की दाल को रात भर भीगने दें. सुबह बारीक पीस लें. इसमें दही, नमक और मीठा सोडा डालकर 4-5 घंटे भीगने दें.

आलू उबाल कर छील लें. कड़ाही में तेल डालकर, हींग का छौंक लगा कर आलू छोड़ दें. नमक, मिर्च, कटी हरी धनिया डाल दें. पकने पर उतार लें.

दाल व चावल के खमीर उठे घोल को अच्छी तरह मथ लीजिए. अब भारी तवा लीजिए. उस पर घी लगाकर कटोरी से घोल फैलाती जाइए. एक तरफ से सिंक जाए तो आलू की पिट्ठी बीच में रखकर, मोड़ कर उतार लें. नारियल या धनिया की चटनी के साथ खाइए.

इडली

सामग्री :

चावल	500 ग्राम	उड़द की दाल ...	500 ग्राम
नमक	50 ग्राम		

विधि :—चावल और उड़द की दाल को 4-5 घंटे भिगो कर सिल पर बारीक पीस लीजिए. नमक मिलाकर 5-6 घंटे रख दीजिए. खमीर उठ जाए तब इस घोल को इडली के साँचे में रखकर इडली बनाने के कुकर में भाप आने को रख दीजिए. 20-25 मिनट बाद ढक्कन खोलकर लकड़ी की बारीक छड़ी इडली के अंदर डालें. अगर घोल चिपकता है, तो इडली कच्ची है, अगर घोल नहीं चिपकता है, तो इडली पक गई है. सांभर से खाइए.

खमन ढोंकले

सामग्री :

चावल .... 500 ग्राम   उड़द की दाल ... 250 ग्राम
मट्ठा .... ½ लिटर   मीठा सोडा ..... 25 ग्राम
मूंगफली-तेल ... 50 ग्राम
नमक, लाल मिर्च, जीरा, राई, हींग अंदाज से.

विधि :—चावल, उड़द की दाल को भिगो दीजिए. गलने पर बारीक पीस लीजिए. इसमें मट्ठा मिलाकर, मीठा सोडा डालकर खमीर उठने को रख दीजिए. खमीर उठने पर नमक, लाल मिर्च, जीरा, हींग डालकर घोल को तेल का हाथ लगाकर कुकर के डिब्बों में रख दीजिए. कुकर में थोड़ा पानी रखकर इन डिब्बों को रख दीजिए. एक सीटी आने पर उतार लें. ठंडा होने पर चौकोर टुकड़े काट लें. इन टुकड़ों को प्लेट में रखकर राई, हींग, जीरे का बघार डाल दीजिए. लीजिए चटनी से खाइए.

ज्वार के ढोंकले

सामग्री :

ज्वार का आटा ... 250 ग्राम   मूंगफली-तेल ... 100 ग्राम
नमक, लाल मिर्च, हल्दी, पिसी धनिया स्वाद के अनुसार. जीरा, हींग अंदाज़ से.

विधि :—ज्वार के आटे में नमक, लाल मिर्च, जीरा, हींग, हल्दी, धनिया डालकर गूंध लीजिए. गोल-गोल मोटी-मोटी टिकिया बनाकर बीच में एक छेद कर लीजिए. अब भगोने में अंदाज से पानी रखें. पानी उबल जाए तब इन टिकियों को छोड़ दें. करीब आधा घंटे तक उबलने पर सब ढोंकले ऊपर आ जाएंगे. निकाल कर पानी सूखने को रख दें. कड़ाही में तेल डालकर तल लीजिए.

उपमा

सामग्री :

सूजी .... 250 ग्राम   प्याज़ .... 100 ग्राम
मूंगफली-तेल ... 50 ग्राम
नमक, लाल मिर्च, पिसी धनिया, हल्दी स्वाद के अनुसार. थोड़ी हरी मिर्च व हरी धनिया.

विधि :—प्याज़ और हरी मिर्च बारीक काट लें. कड़ाही में तेल डालकर गुलाबी होने तक भूनें. अब सूजी डाल दें. थोड़ी देर भून कर नमक, हल्दी, लाल मिर्च डाल दीजिए. गर्म पानी डालकर ढक दें. भाप आने पर हरी धनिया डालकर उतार लें.

कचौरियाँ

हरे चने की कचौरी

सामग्री :

हरे चने	250 ग्राम	सौंफ	15 ग्राम
मूंगफली का तेल...	250 ग्राम	मैदा	500 ग्राम
मट्ठा	½ लिटर	नमक, लाल मिर्च अंदाज से	

विधि :—हरे चने को सिल पर बारीक पीस लें. कड़ाही में तेल डालकर पिसे चने इसमें छोड़ दें. इस में नमक, लाल मिर्च, सौंफ डालकर भूनें. भुन जाए तो उतार कर एक तरफ रख लें. मैदा में थोड़े तेल का मोयन देकर मट्ठे से गूंध लें. मैदा की छोटी-छोटी पूरियां बेल कर चने की पिट्ठियां बेल कर चने की पिट्ठी इसमें भरती जाइए. तेज आंच पर तल लें.

भुट्टे की कचौरी

सामग्री :

भुट्टे के मुलायम		पिसी अमचूर	5 ग्राम
दाने	250 ग्राम	मैदा	250 ग्राम
मूंगफली-तेल	250 ग्राम		

विधि :—भटटे के दानों को सिल पर बारीक पीस लें. कड़ाही में तेल डालकर भुट्टे के दानों को भून कर हल्दी, नमक, लाल मिर्च, सौंफ, साबुत धानया, अमचूर डालकर उतार लें. मैदे में तेल का मोयन लगाकर गूंध लीजिए. लोई में यह पिट्ठी भर कर तलती जाइए. चटनी के साथ खाइए.

नमकीन चटपटी चाट

आलू की टिकिया

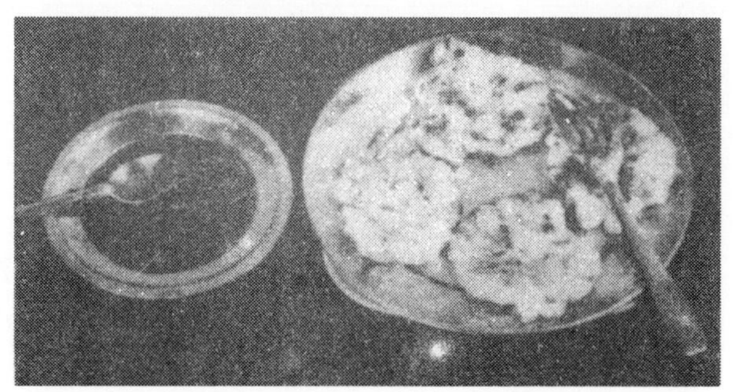

सामग्री :

आलू .... 500 ग्राम मूंगफली-तेल ,... 50 ग्राम
नमक, लाल मिर्च, जीरा स्वाद के अनुसार. हरी धनिया अंदाज से.

विधि :–आलू को उबालकर छीलकर मसल लें. इसमें लाल मिर्च, जीरा, बारीक कटी पत्तीदार हरी धनिया डालकर छोटी-छोटी टिकिया बनाएं. भारी तवे पर हल्का तेल लगाकर सेक लें. उतारकर हरे धनिए की चटनी से खाएं.

आलू बड़े

सामग्री :

आलू .... 250 ग्राम बेसन .... 250 ग्राम
मूंगफली-तेल ... 250 ग्राम
नमक, लाल मिर्च, सौंफ, अजवाइन स्वाद के अनुसार. हींग, हरी धनिया, हरी मिर्च अंदाज से.

विधि :–आलुओं को उबाल लें. छील कर बारीक मसल लें. सब मसाले मिलाकर छौंक लें. उतारते समय थोड़ी सौंफ व बारीक कटी हरी धनिया डाल दें. बेसन का

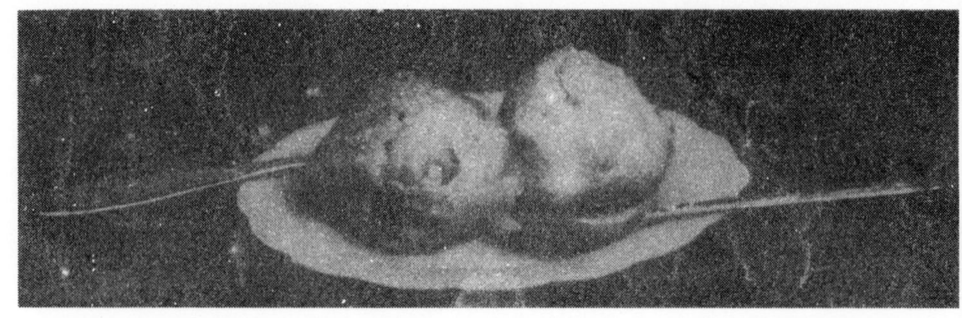

पतला घोल तैयार कर के उसमें नमक, मिर्च, अजवाइन व हींग डाल दें. आलू के मसाले के गोल-गोल लड्डू बनाकर इस घोल में डुबो कर तलती जाइए. गुलाबी होने पर उतार लें. टमाटर सॉस के साथ खाएं.

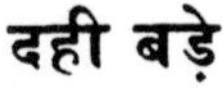

दही बड़े

सामग्री :

उड़द की दाल ...	500 ग्राम	दही	250 ग्राम
अमचूर	250 ग्राम	चीनी	100 ग्राम
जीरा	20 ग्राम	काला नमक	10 ग्राम
मूंगफली-तेल ...	250 ग्राम		

नमक, लाल मिर्च अंदाज से. चुटकी भर मीठा सोडा.

विधि :—उड़द की दाल को 4-5 घंटे भीगने दीजिए. सिल पर बारीक पीस लें. नमक, हींग, जीरा, मीठा सोडा मिला लें. उल्टी कटोरी पर पोलीथीन लगाकर चपटे-चपटे गोल-गोल बड़े बना लें. तेज आंच पर तल लें. एक भगोने में गर्म पानी रख दें. इसमें नमक, जीरा, हींग डाल दें. बड़े तल कर इस पानी में छोड़ दीजिए. थोड़ी देर में बड़े पानी में फूलकर नरम हो जाएंगे.

दही की चटनी–दही को फेंट लीजिए. चीनी, नमक, लाल मिर्च, काला नमक डालकर उड़द के बड़े के चारों ओर लपेट दीजिए.

अमचूर की चटनी–अमचूर को उबालकर हाथों से मसलकर छलनी से छानकर चीनी, नमक, लाल मिर्च, काला नमक डाल दीजिए. जीरा सेंक कर डाल दीजिए. दही की चटनी के ऊपर अमचूर की चटनी डालकर खाइए.

पानी पूरी

सामग्री :

मैदा	500 ग्राम	मूंगफली का तेल ...	250 ग्राम
इमली	250 ग्राम	गुड़	100 ग्राम
नमक	50 ग्राम	जीरा	10 ग्राम
लाल मिर्च	25 ग्राम		

विधि :–मैदे को आटे की तरह गूंध लीजिए. बड़ी-बड़ी लोइयां बनाकर पतली-पतली बेल लीजिए. छोटे ढक्कन या छोटी कटोरी से गोल-गोल काट लें. कड़ाही में तेल डाल कर तल लीजिए. फूली हुई कुरकुरी पानी पूरी को पानी भरकर पीजिए.

पानी तैयार करने की विधि–इमली को 4-5 घंटे पहले भिगो दीजिए. हाथ से मसल कर छलनी से छान लीजिए. नमक, सिंका जीरा, लाल मिर्च, गुड़ मिलाकर पूरी में भरकर स्वादिष्ट पानी पूरी खाइए.

पकौड़े

गोभी के पकौड़े

सामग्री :

बेसन .... 250 ग्राम गोभी .... 100 ग्राम

मूंगफली का तेल ... 250 ग्राम

नमक, लाल मिर्च स्वाद के अनुसार. अजवाइन, हींग, हरी धनिया अंदाज से.

विधि :—बेसन में नमक, लाल मिर्च, अजवाइन, हींग, बारीक कटी हुई हरी धनिया डालकर फेंट लीजिए. गोभी के बड़े-बड़े टुकड़े काटकर उसमें बेसन का घोल लपेट कर कड़ाही में डाल दीजिए. तल जाने पर निकाल लीजिए. थोड़े ठंडे होने पर चपटे करके फिर तल लीजिए. गुलाबी होने पर निकाल लीजिए. स्वादिष्ट कुरकुरे गोभी के पकौड़े गर्म-गर्म अचार-चटनी से खाइए.

सेवफल के पकौड़े

सामग्री :

बेसन .... 250 ग्राम तेल .... 250 ग्राम

सेवफल........ 50 ग्राम

हींग, जीरा, हरी धनिया, नमक अंदाज से.

विधि :—बेसन में नमक, लाल मिर्च, हींग, अजवाइन, हरी धनिया डालकर फेंट लीजिए. सेवफल (Apple) के बारीक टुकड़े कर लीजिए. बेसन लपेटकर कड़ाही में तेल डाल कर तल लीजिए. स्वादिष्ट पकौड़े तैयार हैं.

भुट्टे के पकौड़े

सामग्री :

भुट्टे के मुलायम दाने .... 250 ग्राम मूंगफली का तेल ... 100 ग्राम

नमक, लाल मिर्च, हींग, अजवाइन, हरी धनिया अंदाज से.

विधि :—भुट्टे के दानों को सिल पर बारीक पीस लें. नमक, लाल मिर्च, हींग, हरी धनिया मिलाकर फेंट लें. कड़ाही में तेल डालकर छोटे-छोटे पकौड़े (भजिए) उतार कर अचार चटनी के साथ खाएं.

सॉस

नारंगी की सॅास

सामग्री :

नारंगी ....25 ग्राम नमक .... 25 ग्राम
सौंफ ....25 ग्राम चीनी ....500 ग्राम

विधि :—नारंगी के ऊपर के छिलके निकाल कर टुकड़े करके पानी में उबाल लीजिए. ठंडे होने पर मसल कर छान लीजिए. चीनी, नमक, लाल मिर्च और सौंफ को बारीक करके डाल दीजिए. अब एक उबाल देकर उतार लें

टमाटर सॅास

सामग्री :

टमाटर ....500 ग्राम सौंफ .... 25 ग्राम
नमक .... 25 ग्राम चीनी ....500 ग्राम

विधि :—टमाटर के टुकड़े करके पानी में डालकर उबाल लीजिए. सिल पर बारीक पीस लीजिए. छलनी से छानकर रस निकाल लीजिए. टमाटर के रस को गाढ़ा कर लीजिए.

चीनी, सौंफ, नमक, लाल मिर्च डालकर ठंडा होने पर कांच की बोतल में भर दीजिए.

जैली

अमरूद की जैली

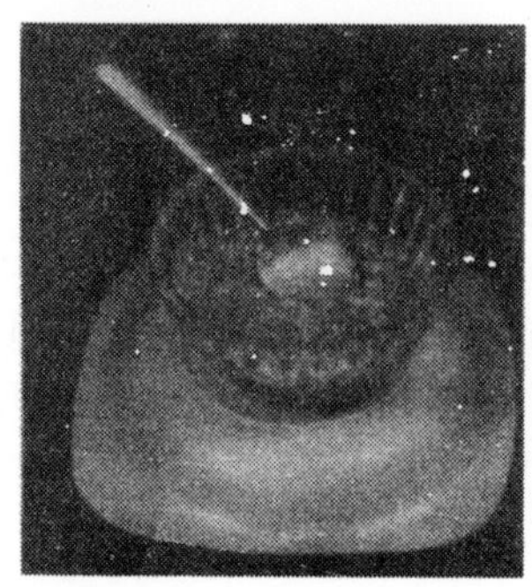

सामग्री :

अमरूद........1 किलो चीनी ....500 ग्राम

विधि :—अमरूद के टुकड़े कर लें. इन्हें कपड़े में बांध कर भगोनी में पानी रखकर उसमें यह पोटली डाल दें. अमरूद का रस निकलता जायेगा. खूब उबल जाए, तब अमरूद को निकाल लीजिए. पानी को उबाल कर गाढ़ा कर लीजिए. चीनी मिलाकर कांच की बरनी में ठंडा होने पर रख दीजिए.

लीची की जैली

सामग्री :

लीची .... 1 किलो चीनी ....1 किलो

विधि :—लीची का ऊपर का छिलका निकाल कर पानी में डालकर उबाल लीजिए. हाथ से मसल कर बीज निकाल दीजिए. छलनी में छानकर रस को उबालकर गाढ़ा कर लीजिए. चीनी डालकर गाढ़ा कर लीजिए. कांच की बरनी में रखिए.

शरबत

नीबू का शरबत

सामग्री :

नीबू .... 50 ग्राम चीनी ....1 किलो

विधि :—नीबू का रस निकाल कर छलनी से छान कर चीनी मिला दीजिए. चीनी घुल जाए तब कांच की बोतल में भरकर रख दीजिए. धूप में 4-5 दिन तक लगातार रखती रहिए. लीजिए नीबू का खट्टा-मीठा शरबत तैयार है.

आम का शरबत

सामग्री :

पके आम ...... 50 ग्राम चीनी ....5 किलो

विधि :—पके आम का रस निकाल कर स्टील की भगोनी में रख लीजिए. चीनी मिलाकर 4-6 दिनों तक धूप में रखिए. चीनी गल जाए तब कांच की बोतल में भरकर रख लीजिए.

आइसक्रीम

आम की आइसक्रीम

सामग्री :

दूध	1 लिटर	चीनी	250 ग्राम
कल्मी आम	2	छोटी इलायची ...	3-4
चिरौंजी	10 ग्राम		

विधि :—दूध को उबालकर गाढ़ा कर लीजिए. उसमें चीनी डालकर ठंडा होने के लिए रख लीजिए. अब आम के बारीक टुकड़े काटकर रबड़ी में मिला दीजिए. छोटी इलायची पीसकर डाल दीजिए. चम्मच से चलाकर इस रबड़ी को आइसक्रीम जमाने की प्लेट में रख दीजिए-3न. पर फ्रीज को चलाइए, 4-5 घंटे के बाद निकाल लीजिए. स्वादिष्ट आइसक्रीम तैयार है.

चिरौंली (चिरौंजी) की आइसक्रीम

सामग्री :

दूध	1 लिटर	चीनी	250 ग्राम
चिरौंली	25 ग्राम	इलायची	3-4

विधि :—दूध को उबाल कर रबड़ी जैसा गाढ़ा कर लीजिए. उसमें चीनी डाल दीजिए. ठंडा होने पर आइसक्रीम जमाने की प्लेट में डालकर चिरौंली (चिरौंजी) और इलायची डाल दीजिए.3न. पर फ्रीज को रखकर प्लेट रख दीजिए. 4-5 घंटे के बाद देखिए, स्वादिष्ट आइसक्रीम तैयार है.